2. Auflage | Juli 2019

Impressum

Roland Manke
Jägerhofstraße 136
42119 Wuppertal

Für Fragen und Anregungen

hello@burkhallter.de

Haftungsausschluss

Wichtiger Hinweis:

Alle hier aufgeführten Punkte und Empfehlungen stellen KEINE steuerliche oder rechtliche Beratung durch Roland Manke dar. Es handelt sich ausdrücklich nur um die Wiedergabe von eigenen Meinungen, Erfahrungen und Zitaten. Kontaktieren und bezahlen Sie unbedingt Ihren Steuerberater!

Inhalt

Vorwort

Seit 2016 ist die Welle der Gründungen als Amazon–Verkäufer aus den USA nach DE herübergeschwappt. Einige motivierte Gründer haben ihr bereits erworbenes Wissen schnell genutzt und Kurse für den deutschen Markt erstellt. Sofort danach führten sie Webinare durch und diese Kurse wurden und werden sehr erfolgreich als „Geschäftsmodell zur Erlangung eines passiven Einkommens" verkauft. In diesen Webinaren zeichneten sie ein verlockendes Bild: Du kannst schnell und nebenbei viel Geld mit dem Amazon–Business verdienen. Wir helfen dir, wenn du nicht weiterkommst. Wir motivieren dich, die Gruppe unterstützt dich. Du schaffst es, aber nur mit meiner Hilfe, mit meinem Kurs.

Auf diesen Amazon–FBA–Zug sind viele Gründer in Deutschland aufgesprungen. Das Bild eines neuen Goldgräbers schien sehr attraktiv: Billige Produkte in China einkaufen, teuer und mit geringen Gebühren, wenig Arbeit und ganz nebenbei in Deutschland und Europa verkaufen. Amazon erledigt die Arbeit für dich, während du auf dem Handy den Kontostand kontrollierst.

Entgegen aller Versprechungen hat sich gezeigt, daß für den Verkauf als Händler auf Amazon

- es nicht genügt, nur mit einem Notebook umgehen, Englisch sprechen, Mails schreiben und einige wenige hundert Euro Startkapital aufbringen zu können
- sehr viele Gründer, anstatt massiver Gewinne, leider doch Verluste einfahren oder mit teilweise großen Umsätzen wenig Gewinn erzielen
- die Vier–Stunden–Woche anfänglich nicht und auch später kaum zu realisieren ist

Es gibt Gerüchte, die besagen, man könne mit 500 Euro bei Amazon schon starten – das ist eine gewagte Aussage, für die noch keine Bestätigung gefunden wurde. Vielleicht war es vor dem Jahr 2015 in Deutschland noch möglich, doch mit der Zeit nahmen Konkurrenz und Preisdruck zu. Auch die Gebühren bei Amazon stiegen und steigen stetig weiter an. Die notwendigen Werbekosten hatte kaum jemand im Blick.

Auch die Zeit und das Geld für die Buchführungskosten hatte kaum jemand bedacht. Manche Steuerberater erzählen potentiellen Mandanten, dass man schon mit 70 Euro netto am Anfang dabei ist, für die USt-Voranmeldung und die monatliche Buchführung. Aber das ist nur ein kleiner Teil der Steuerberatungskosten, die auf Amazon-Gründer zukommen. Es sind zusätzliche, Kosten erzeugende, Tools nötig, um eine wirklich korrekte Buchhaltung und Umsatzsteuer-Berechnung zu gewährleisten. So braucht man ein Programm, das nach dem Verkauf die Rechnungen schreibt und versendet und dem Steuerberater die Daten zur automatischen Verbuchung zur Verfügung stellt. Tausende Verkäufe und die zugehörigen Zahlungseingänge und die anteiligen Verkaufsprovisionen sowie Versandkosten manuell zu verbuchen, wäre unbezahlbar. Außerdem steigen die Kosten mit den Umsätzen, wenn der Steuerberater nach Buchungsposten abrechnet.

Das vielleicht größte Problem liegt m. E. darin, daß jeder alte Amazon-Händler weiß, daß den Neulingen wenig bis nichts übrigbleibt, daß sogar Verluste eher die Regel denn die Ausnahme sind, aber niemand kann oder will den Neulingen aufzeigen, wo das Geld versickert. Es sind die relativ schlechten Einkaufspreise, die unerfahrenen Gründern – noch dazu bei oft geringen Abnahmemengen – eingeräumt werden. Ebenso sind die monatlichen Fixkosten im Auge zu behalten.

Wenn ein Gründer jedoch mit einem sechsstelligen Darlehen oder sechsstelligem Eigenkapital starten kann, sind Gewinne durchaus leicht möglich, denn er hat die Möglichkeit, mit mehreren Produkten zu starten – jedes Produkt trägt einen Anteil daran, die monatlichen Fixkosten zu decken. Es können größere Mengen abgenommen werden, wobei i. d. R. der Einstandspreis pro Stück sinkt.

> (Einstandspreis = Anschaffungspreis minus Rabatte & Skonti plus Anschaffungsnebenkosten wie z. B. die Lieferkosten).

Wo am Anfang fachliche Hilfe nötig ist, kann sie eingekauft werden – im Laufe der Jahre amortisieren sich solche Anfangsinvestitionen.

Die Herausforderung liegt darin, daß das Amazon-Business nur funktioniert, wenn alles zusammenpasst: hochwertige, attraktive Produkte, der Einstandspreis, der Endkundenpreis, der Transport, die Buchhaltung, die Organisation der Arbeitsabläufe, das Design, die Verpackung und nicht zuletzt die Konkurrenzsituation, sowie der Markt (der hoffentlich noch nicht gesättigt ist) – d.h. für einen guten Allrounder ist es das perfekte Business.

Erfolgreiche Händler scheinen Amazon nur als einen von mehreren Vertriebskanälen zu nutzen – und tendenziell eher FBM als FBA zu wählen.

Für wen ist dieser Ratgeber geschrieben worden?

- Für jeden angehenden Händler, der sich mit dem Gedanken trägt, seine Ware über Amazon zu verkaufen und diese Ware bei Amazon lagern möchte
- Für jeden Händler, der FBA bereits nutzt und seinen ersten Jahresabschluß vom Steuerberater noch nicht bekommen hat
- Für jeden Händler, der FBA bereits nutzt und noch nicht ganz verstanden hat, warum er einen Verlust erwirtschaftet hat, anstatt das avisierte passive Einkommen zu realisieren
- Für Ex – Händler, die auf die Nase gefallen sind, wieder aufstehen, die Krone richten und noch einmal in den Ring steigen wollen

Für wen ist dieser Ratgeber nicht geeignet?

- Für alte Hasen, die bereits seit Jahren auf Amazon verkaufen und beeindruckende Gewinne erzielen
- Für Steuerberater – denn die haben Einblick in unzählige Buchhaltungen. Sie haben längst verstanden, wo die Schwierigkeiten beim Handel auf Amazon liegen
- Für begnadete Controller

Wie wird dieser Ratgeber durchgearbeitet?

Im Idealfall nimmst du dir einen Stift, einige Blätter Papier und einen Taschenrechner – und rechnest parallel zu dem, was du liest, alles noch einmal mit. Nur dadurch ergibt sich ein vertieftes Verständnis und das richtige Gespür, ob ein Artikel mit Gewinn verkauft werden kann – oder eher nicht.

Die „alten Hasen“ brauchen kein richtiges Tool, sie liegen aufgrund ihrer jahrlangen Erfahrung meistens richtig.

Kapitelübersicht

In diesem Ratgeber arbeiten wir uns gemeinsam durch die Kalkulation und die Grundlagen der Buchhaltung für das Amazon-Business- und es wird dir Spaß machen, wenn Du das System verstanden hast.

Vor – Kapitel (nachträglich eingefügt)

Die grundlegenden Fragen in Bezug auf Steuern und Finanzamt werden hier für Gründer ohne jedwede Vorkenntnisse erklärt.

Erstes Kapitel

Um Gewinne erzielen zu können, sollte jeder Verkäufer die Kalkulation der Einkaufspreise, der Verkaufspreise und der Fixkosten beherrschen. Deine neuen Kalkulationskenntnisse schützen dich vor Verlusten und zeigen dir auf, wo sich der Gewinn versteckt.

Zweites Kapitel

Danach kümmern wir uns kurz um die Einkaufspreise beim Import aus China.

Drittes Kapitel

Hier sehen wir uns eine fertige Buchhaltung an. Wir haben also die Einnahmen des durchschnittlichen Händlers, gepaart mit den Ausgaben eines Amazon-Neulings, der sich engagiert auf das Abenteuer Amazon FBA eingelassen hat.

Viertes Kapitel

Viele Gründer wollen mit einem eigentlich viel zu geringen Eigenkapital starten und haben gehört, es sei eine gute Idee, als Kleinunternehmer anzufangen. Dann müsse man keine Buchhaltung machen und auch keine Umsatzsteuer zahlen. Buchhalter und Steuerberater haben, wenn sie diese Zeilen lesen, mit Schappatmung zu kämpfen. Dieser Sachverhalt soll hier ansatzweise beleuchtet werden.

Fünftes Kapitel

Die To-Do-Liste. In Reich-mit-Amazon-Kursen wird die Sache einfach beschrieben – billig in China einkaufen und teuer auf Amazon verkaufen. Das stetige Anwachsen des Kontostandes auf dem Handy beobachten.

Das klingt zunächst einfach – wie ein Besuch auf dem Mond.
Rakete bauen – und hinfliegen. So einfach.

Für die Gründer, die oft nicht wissen, was denn nun der nächste Schritt wäre, um möglichst schnell verkaufen zu können, wurde diese mehrfach nachgefragte To-Do-Liste erstellt. Sie ist so umfangreich, daß meine Testleser entsetzt waren.

Vor-Kapitel

Bei der Vorbereitung dieses kleinen Ratgebers wurden mir von Amazon-Neuhändlern, und auch im Gründerseminar, echte Anfängerfragen gestellt.

Fragen, wie:

- Was muß ich denn zahlen? Die Umsatzsteuer oder die Vorsteuer? Kann ich die Mehrwertsteuer davon abziehen?
- Was ist denn der Unterschied zwischen Umsatzsteuer und Einkommensteuer?
- Und wenn ich schon Umsatzsteuer bezahlt habe, muß ich dann noch Einkommensteuer zahlen?
- Was ist denn Gewerbesteuer???
- Muß ich jetzt auch noch Gewerbesteuer zahlen, wo ich doch schon Umsatzsteuer und auch noch Einkommensteuer zahle?
- Dann bleibt ja nichts übrig - mein Nachbar fährt aber ein 80.000-Euro-Auto und hat ein Haus und lebt wie ein Fürst. Wie geht das?

NUR für Gründer, die sich diese Fragen nicht beantworten können, ist das Vor-Kapitel, das Nullte Kapitel, gedacht. Alle anderen können gleich zum ersten Kapitel springen!

Du liest das Vor – Kapitel? Also gut! Fangen wir ganz vorne an, mit einem

Beispiel zur Umsatzsteuer, Vorsteuer, Mehrwertsteuer!

Du bist ein Händler, kaufst von einem Hersteller oder vom Großhändler einen Schreibtisch für 238 Euro ein – und verkaufst diesen Schreibtisch weiter, an einen Endkunden, für 595 Euro.

	Netto		Steuer 19%		Brutto	
Kauf vom Großhändler für:	200,00	plus	38,00 Vor-Steuer	ergibt	238,00	Wir zahlen an unseren Lieferanten: €238,00
Verkauf an den Kunden für:	500,00	plus	95,00 Umsatz-Steuer	ergibt	595,00	Unser Kunde zahlt an uns: € 595,00
	300,00 plus Dieser Mehr-Wert wurde erwirtschaftet		57,00 ergibt Diese Mehr-Wert-Steuer wird ans Finanzamt gezahlt!		357,00	

Wir haben durch einen verkauften Tisch (umgangssprachlich) einen Gewinn von 357 Euro brutto erzielt, nämlich 300 Euro netto und 57 Euro Mehr–Wert–Steuer. Die MwSt nimmt sich das Finanzamt.

Einkauf vom Großhändler:		200,00
Vorsteuer	+	38,00
Einkaufspreis brutto:	=	238,00
Verkauf an den Kunden:		500,00
Umsatzsteuer:	+	95,00
Verkaufspreis brutto:	=	595,00
Netto-Verkauf an den Kunden:		500,00
Netto-Einkauf:	-	200,00
Mehr-Wert:	=	300,00

Hier das Gleiche, nur anders dargestellt:

Für den Umsatz von 500 Euro müssen wir – eigentlich – 19% an das Finanzamt zahlen = 95,00 Euro.
Aber wir können die Vorsteuer in Höhe von 38,00 Euro davon abziehen.
Unsere Vorsteuer war die Umsatzsteuer des Herstellers.

Umsatzsteuer:		95,00
Vorsteuer:	-	38,00
Mehr-Wert-Steuer:	=	57,00

– das entspricht genau der Steuer auf den Mehrwert von 300,00 Euro = 57,00 Euro.
Wir zahlen bis zum 10. des Folgemonats 57,00 Euro an das Finanzamt.

Bis dahin, bis zum 10. des Folgemonats, erstellt der Steuerberater die Umsatzsteuer – Voranmeldung und der Betrag wird sofort vom Bankkonto des Unternehmers abgezogen. Allerdings hat kaum ein Unternehmer seine Buchhaltungsunterlagen so schnell sortiert und dem Steuerberater geschickt, bzw. dem StB Online zur Verfügung gestellt. Steuerberater sind am Anfang des Monats immer im Stress – wenn alle Mandanten zwischen dem 5. und 8. des Monats ihre Buchhaltung einreichen, ist es nicht zu schaffen, alle Umsatzsteuer – Voranmeldungen rechtzeitig bis zum 10. des Monats abzugeben. Daher wird Dauerfristverlängerung um einen Monat beantragt. Somit zahlen wir erst am 10. des übernächsten Monats die 57 Euro Mehrwertsteuer an das Finanzamt.

Um diese Dauerfristverlängerung bewilligt zu bekommen, muß der Steuerbürger 1/11 der Umsatzsteuerzahllast des Vorjahres als Vorauszahlung leisten. Wenn wir gerade gründen, dann zahlen wir 0,00 Euro voraus. Wenn wir uns bereits im zweiten Jahr befinden und haben im Vorjahr zufällig haargenau 1.200 Euro Umsatz/Mehrwertsteuer an das Finanzamt überwiesen, dann beträgt die Umsatzsteuer–Sondervorauszahlung, USt–SV, genau 109,09 Euro. Das ist schon sehr detailreich – für weitere Fragen sei hier auf den Steuerberater des Vertrauens verwiesen.

Keine Ausnahme ohne Ausnahme von der Ausnahme. Wenn jemand die Kleinunternehmerregelung in Anspruch nimmt, dann gibt es keine Vorauszahlungen. Wenn man so wenig Umsatzsteuer an das Finanzamt zahlt, daß man seine Anmeldungen nur vierteljährlich abgeben muß, dann ist für die Fristverlängerung die 1/11tel–Zahlung nicht zu leisten.

Wer jedoch die Kleinunternehmerregelung gewählt hat und innergemeinschaftliche Lieferungen (von Ware) oder iG sonstige Leistungen in Anspruch nimmt (z. B. mit Amazon verkauft), der MUSS quartalsweise seine USt – Voranmeldungen abgeben.

Zurück zum Verkauf des Schreibtisches:

Es gibt quasi nur eine Steuer, die jedoch drei verschiedene Namen bekommt – Vorsteuer, Umsatzsteuer, Mehrwertsteuer.

Beispiel zur Gewerbesteuer

Die Geschäfte liefen gut, es wurden im ganzen Jahr 1.000 Tische verkauft – und 300.000 Euro "Gewinn" (Deckungsbeitrag!) erzielt.

Die Gewerbesteuerberechnung war vor 25 Jahren eine mühselige Sache, heute ist es einfacher. Und weil es hier nur darum geht, einen Überblick zu bekommen, machen wir es uns noch leichter. Die Hinzurechnungen und Kürzungen, die gleich auftauchen werden, die kennt der Steuerberater, die sind für unser ganz einfaches Beispiel unnötig. Wir müssen nur wissen, daß es sie gibt.

Die Gewerbesteuer-Hebesätze liegen in Deutschland zwischen 200% (vorgeschriebener Mindestsatz) und in der Spitze selten über 550%. Die Gewerbesteuer-Meßzahl beträgt immer, in ganz Deutschland, ausnahmslos 3,5%. Den Hebesatz deiner Gemeinde / deiner Stadt findest du hier: https://www.gewerbesteuer.de/gewerbesteuerhebesatz – oder du gibst in einer Suchmaschine "Hebesatz" und den Namen des Ortes ein, in dem das Gewerbe angemeldet ist, z. B. "Klein-Marialinden".

Wir machen hier gleich drei ganz einfache **Beispiele** – wir haben keine Kapitalgesellschaft, also keine juristische Person geschaffen, wie eine UG oder eine GmbH oder AG, sondern wir sind als Einzelunternehmer unterwegs und haften mit unserem gesamten Privat- und Geschäftsvermögen.

Wir haben also durch den Verkauf unserer Tische einen "Überschuss" von 300.000 Euro erwirtschaftet. Dieser Überschuß ist – eigentlich – der Deckungsbeitrag. Dieser trägt dazu bei, die Fixkosten zu decken.

Alle Fixkosten, die noch angefallen sind, sollen in den drei nun folgenden Beispielen entweder glatt 100.000 Euro oder 270.000 Euro oder gar 400.000 Euro betragen.

Exkurs Fixkosten

Das sind Personalkosten, Büromiete, Nebenkosten, Büromaterial, Firmenfahrzeuge, Lagermiete u. s. w. – eben die Kosten, die immer anfallen, ob man keinen einzigen Tisch oder 10.000 Tische verkauft hat. Die Büromiete kostet ausnahmslos z. B. 2.400 Euro netto pro Monat.

Exkurs Deckungsbeitrag

Der DB bleibt übrig, wenn wir vom Stückpreis unseres Produktes jeweils die variablen Kosten abziehen.

Beispiel Deckungsbeitrag

Wir verkaufen unseren Tisch für 500 Euro netto – der Einkaufspreis war 200 Euro netto – das ergibt den Deckungsbeitrag von 300 Euro. Mit diesen 300 Euro zahlen wir die fixen Kosten, die Büromieten, ab. Die Büromiete beträgt 2.400 Euro, jeden Monat. Diese 300 Euro tragen also dazu bei, die fixen Kosten (die Miete, die jeden Monat anfällt), zu decken, zu bezahlen.

Bei 8 Tischen haben wir den Break–Even–Point, den Gewinnschwellenpunkt, erreicht – alle Kosten sind gedeckt. Ab dem 9. Tisch ist jeder Deckungsbeitrag zugleich auch zusätzlicher Gewinn. |

		A	B	C
Überschuss		300.000	300.000	300.000
- Kosten		400.000	270.000	100.000
= Gewinn aus Gewerbebetrieb		-100.000	30.000	200.000
+ Hinzurechnungen		0	0	0
= Summe		-100.000	30.000	200.000
- Kürzungen		0	0	0
= Gewerbeertrag		-100.000	30.000	200.000
- Freibetrag		24.500	24.500	24.500
= gekürzter Gewerbeertrag		0	5.500	175.500
* Steuermeßzahl	3,50%	0	192,5	6142,5
* GewSt-Hebesatz der Gemeinde - z. B.	500%	0	962,5	30712,5

Gewerbesteuer–Berechnung

Einen Freibetrag bekommt jede Personengesellschaft, jeder Einzelkämpfer – der Unternehmerlohn soll von der Gewerbesteuer befreit sein. In unserem Beispiel ist also eine Gewerbesteuer von 0,00 Euro, von 962,50 Euro – bzw. eine Gewerbesteuer von 30.712,50 Euro fällig.

> Die Umsatzsteuer und die Gewerbesteuer haben nichts miteinander zu tun.

Jetzt berechnen wir noch die Gewerbesteuer bei einem theoretischen Hebesatz der Gemeinde von 380% – wir werden das später noch brauchen!

* Steuermeßzahl	3,50%	0,00	192,50	6.142,50
* GewSt-Hebesatz der Gemeinde - z. B. 380%	380%	0,00	731,50	23.341,50

Die 380%, also die 731,50 Euro, bekommt man bei der Einkommensteuer angerechnet - aber nur dann, wenn man auch Einkommensteuer zahlen muß.

Beispiel zur Einkommensteuer

Der Einkommensteuer unterliegen nach § 2 Abs. 1 EStG alle sieben Einkunftsarten

1. Land- und Forstwirtschaft,
2. Gewerbebetrieb,
3. Einkünfte aus selbständiger Arbeit,
4. Einkünfte aus nichtselbständiger Arbeit, (der "9 to 5" - Job)
5. Einkünfte aus Kapitalvermögen,
6. Einkünfte aus Vermietung und Verpachtung,
7. Sonstige Einkünfte - im Sinne des § 22 EStG (das sind nicht "alle anderen" Einkünfte - es ist eine "erschöpfende Aufzählung" anderer Einkünfte, die noch darunter fallen. Der Lottogewinn zählt z. B. nicht dazu, denn er ist im § 22 EStG nicht aufgeführt - daher ist dieser steuerfrei!)

Zum leichteren Verständnis hier ein Beispiel:

- Hebesatz Köln = 475%
- Gewerbeertrag = 30.000 EUR

Daraus würde sich folgende festzusetzende Gewerbesteuer

ergeben:

- 30.000 EUR – 24.500 EUR (Freibetrag) = 5.500 EUR x 3,5% Gewerbesteuermesszahl = 192,50 EUR x 475% Hebesatz = 914,38 EUR Gewerbesteuer
- Davon sind auf die Einkommensteuer anrechenbar: 30.000 EUR – 24.500 EUR (Freibetrag) = 5.500 EUR x 3,5% = 192,50 EUR x 380% = 731,50 EUR Gewerbesteuer
- Wer z. B. 10.000 Euro Einkommensteuer zahlen muß, der kann sich von den 914,38 Euro Gewerbesteuer, die zuvor schon angefallen sind, 731,50 Euro anrechnen lassen. Damit bleiben nur noch 9.268,50 Euro Einkommensteuer übrig. Die Anrechnung wird vom Finanzamt bei Abgabe der Einkommensteuererklärung automatisch durchgeführt.
- Die Gewerbesteuerbelastung beträgt somit nur noch 914,38 Euro ./. 731,50 Euro = 182,88 Euro.

Es sind aber natürlich auch besondere Konstellationen möglich.

Firma A: Händler – Gewinn: 50.000 Euro – hiermit sind wir gewerbesteuerpflichtig.

Firma B: zweites Gewerbe – Verlust: 45.000 Euro – es fällt keine Gewerbesteuer an.

Weiteres Einkommen ist nicht vorhanden.

Das in der Einkommensteuererklärung zu versteuernde Einkommen ist mit 5.000 Euro sehr gering, weil der Unternehmer den Verlust des einen Betriebs in diesem geringen Umfang mit den Gewinnen des anderen Betriebs verrechnen kann. Er muß also von 5.000 Euro seine

Krankenversicherung, sein Haus / seine Miete zahlen und den gesamten Lebensunterhalt davon bestreiten.

Hätte er nur einen Betrieb mit 50.000 Euro Gewinn, wären ca. 10–12.000 Euro Einkommensteuer fällig und die Gewerbesteuer könnte darauf angerechnet werden.

Er hat aber zwei Betriebe und muß von 5.000 Euro leben, zahlt 0, – Euro Einkommensteuer.

Die bei der Firma A gezahlte Gewerbesteuer kann jedoch nicht mit der Einkommensteuer verrechnet werden, weil er keine Einkommensteuer gezahlt hat. Leider funktioniert dieses Modell nicht auf Dauer, da nach wenigen Jahren das Finanzamt das zweite Gewerbe als Hobby deklariert, wenn keine Gewinne erzielt werden. Damit muss die eingesparte Einkommensteuer nachgezahlt werden.

Wer die Berechnung der Gewerbesteuer genauer kennenlernen möchte:
https://www.frankfurt-main.ihk.de/recht/steuerrecht/gewerbe_grund/berechnung/

1. Teil – die Kalkulation des Verkaufspreises auf Amazon

Was kostet Amazon? Wieviel Geld bleibt für mich übrig?

> Was kassiert Amazon an Gebühren, was kostet der Versand, welche Kosten fallen noch alles an? Wer diesen etwas länger gewordenen Text gelesen hat, sieht den Handel auf Amazon hinterher mit anderen Augen und erkennt bereits viele Fallstricke

Dein Geschenk

Bevor wir mit der Kalkulation beginnen, möchte ich dir ein das von mir erstellte Excel – Werkzeug vorstellen. Du bekommst es kostenlos als Käufer dieses Ratgebers zugesendet.

Auch als Nicht – Käufer des kleinen Ratgebers bekommst Du dieses Tool kostenlos zugesendet.

Bei den grün hinterlegten Feldern können vorgegebene Auswahlen getroffen werden. Die Lagerkosten und Versandkosten sind mittels des im Text verlinkten Tools (hier: https://sellercentral – europe.amazon.com/FBA/profitabilitycalculator/index?ref=nslp_at_1441154215277387759_0) von Amazon ermittelt worden. Diese Kosten werden im hier vorliegenden Tool manuell eingetragen.

Wie weiter oben beschrieben, ist es nicht vollautomatisiert!

Dieses Excel – Tool erhältst du, wenn du mir eine Mail an excel@burkhallter.de schickst. Die Weitergabe ist sogar gewünscht.

Das Excel – Tool

		Muster-kalkulation	Günstiger Versand	Günstiger Einstand	alles günstig
VKP (Marktpreis)		**19,24**	**19,24**	**19,24**	**19,24**
- USt 15,97%		3,07	3,07	3,07	3,07
= ZwisSu		**16,17**	**16,17**	**16,17**	**16,17**
- VK-Gebühr 15%		2,89	2,89	2,89	2,89
- Versand		3,35	2,84	3,35	2,84
- Versand aus DE - 50 Cent		0,50	0,50	0,50	0,50
= ZwisSu		**9,43**	**9,94**	**9,43**	**9,94**
- Einstandspreis netto		9,62	9,62	2,89	2,89
Lagerkosten pro 3 Monate		0,12	0,12	0,12	0,12
- Verpackung**		0,03	0,03	0,03	0,03
- Aufkleber		0,01	0,01	0,01	0,01
- Gravur		0,00	0,00	0,00	0,00
- Aufhänger		0,00	0,00	0,00	0,00
- Anteiliges Porto zu mir		0,00	0,00	0,00	0,00
- Anteiliges Porto zu Amazon*		0,10	0,10	0,10	0,10
- Anteilige GG bei X Verkäufen	5052	0,09	0,09	0,09	0,09
Gewinn/Verlust		**-0,54**	**-0,03**	**6,19**	**6,70**
- Werbung netto vom VKP	0%	0,00	0,00	0,00	0,00
- Retouren	5%	0,36	0,31	0,36	0,31
- Warenschwund	2%	0,28	0,27	0,14	0,13
Deckungsbeitrag		**-1,18**	**-0,61**	**5,69**	**6,26**
- Gemeinkosten	7%	1,13	1,13	1,13	1,13
DB mit Gemeinkosten		**-2,31**	**-1,74**	**4,55**	**5,13**

Dieses Excel – Tool erhältst du, wenn du mir eine Mail an excel@burkhallter.de schickst. Die Weitergabe ist sogar gewünscht.

Dein erster Artikel für 11,90 Euro Verkaufspreis auf Amazon

Nehmen wir an, du verkaufst ein Produkt für 11,90 Euro brutto. Das macht netto genau 10 Euro.

Amazon berechnet vom Verkaufspreis bei der Mehrheit der angebotenen Waren eine Verkaufsprovision von 15% des Bruttoverkaufspreises. Weil Amazon seinen Europa-Unternehmenssitz zur steueroptimalen Gestaltung in Luxemburg begründet hat, erstellt Amazon die Rechnungen an seine Händler für die Verkaufsprovisionen und die Weiterberechnung der (DHL-, DPD-, Hermes-) Versandgebühren netto. Hier findet das Reverse-Charge-Verfahren Anwendung.

Reverse-Charge – eine kurze Einführung

> Dies bedeutet, daß bei innergemeinschaftlichen Lieferungen und innergemeinschaftlichen sonstigen Leistungen der Unternehmer, der auch der Empfänger der Ware ist, zum Schuldner der anfälligen Einfuhr-Umsatzsteuer wird. Das bist Du! Dieselbe Steuer darf er unverzüglich wieder als Vorsteuer geltend machen.
>
> Die Vereinfachung besteht darin, daß die Einfuhr-Umsatzsteuer nicht gezahlt werden muß und diese Steuer auch nicht mit der nächsten USt - Voranmeldung als Vorsteuer geltend gemacht werden muß - unter der Bedingung, daß zutreffend gebucht wurde und ein zutreffender Ausweis in der USt-VA (Umsatzsteuer-Voranmeldung), bzw. in der UStE (Umsatzsteuer-Erklärung) erfolgt. Dieses Vorgehen nennt sich Reverse-Charge-Verfahren.
>
> - Innergemeinschaftliche Lieferung: Du kaufst z. B. aus den Niederlanden deine Produkte ein.

- Innergemeinschaftliche sonstige Leistung: Du läßt dir z. B. von einem Niederländer deine Website erstellen.
- Innergemeinschaftlich: innerhalb der Europäischen Union.

Lieferungen sind übrigens auch Leistungen – daher spricht man von:

„Lieferungen und sonstige Leistungen"

Merke: Auch eine Lieferung ist eine Leistung!

Amazons Verkaufsprovision

Vom Verkaufspreis zieht dir Amazon die Verkaufsprovision von 15% ab, und zwar 15% vom Bruttopreis, von den 11,90 Euro; das macht dann 1,785 Euro. Tatsächlich sind es somit 17,85% Verkaufsprovision, die dir Amazon berechnet – denn der Kaufmann rechnet IMMER und AUSNAHMSLOS vom Nettopreis. Denn das, was ohne Umsatzsteuer übrig bleibt, macht den Kühlschrank voll. Die Verkaufsprovision ist netto – da Amazon aber in Luxemburg sitzt, kommt hier das Reverse-Charge-Verfahren zur Anwendung. (Die Provision zahlst du für die Bereitstellung des Online-Marktplatzes).

Amazons Versandkosten des Produktes an den Kunden

Jetzt zieht dir Amazon noch die Versandgebühr von – vielleicht – 2,84 Euro ab. Die Versandgebühr (Porto incl. Papp–Paket, incl. Verpackungsmaterial, inkl. der Arbeitsleistung des Pickers und des Verpackers, incl. der

Nutzung des Arbeitsplatzes durch den Packer) ist netto – da Amazon aber in Luxemburg sitzt, kommt hier erneut das Reverse-Charge-Verfahren zur Anwendung.

Zwischen-Rechnung:

	11,90	Endkundenpreis
–	1,90	Umsatzsteuer (geht an das Finanzamt)
–	1,79	Amazon–Verkaufsprovision
–	2,84	FBA–Versandkosten (geht auch an Amazon – und Amazon zahlt den Versender), incl. 50 Cent Aufpreis
	5,37	

In diesem Beispiel sollen die Versandkosten die 50 Cent Aufpreis für den Versand aus DE beinhalten.

Jetzt bleiben dir noch 5,37 Euro übrig.

Kosten für das Amazon–Lager

Die FBA–Produkte müssen bei Amazon gelagert werden – die Kosten dafür hängen vom Artikel ab – sie können zwischen Centbeträgen und einigen Euro pro Monat liegen.

Monat	Kosten pro Kubikmeter pro Monat
Januar bis September	26 Euro
Oktober bis Dezember	36 Euro

Langzeitlagergebühren

Hier ist kürzlich eine Änderung umgesetzt worden – es erfolgt ein permanenter Abgleich, um die Überschreitung der Lagerdauer zu erkennen.

Die erhöhte Lagergebühr nach 12 Monaten beträgt nur noch 170 Euro, anstatt der bisher geforderten 1.000 Euro. Hier kommt es ab August 2019 zu einer erheblichen Erleichterung!

Es lohnt sich bei einigen Artikeln durchaus, einen Retourenauftrag zu erstellen, oder die Produkte entsorgen zu lassen, oder sie extrem stark rabattiert möglichst schnell, sogar mit Verlust, zu verkaufen. Die Retour kostet pro Stück 0,50 Euro Versand, ist also recht preiswert– theoretisch. In der Praxis

Ab dem 1. August 2019

Datum der Lager-bestandsprüfung	Langzeit-Lagergebühren (pro Kubikmeter)
Zum 15. jeden Monats	170 Euro je Monat

Die konkret anfallenden Langzeit–Lagergebühren sind im Sellercentral eisehbar. So kann man einen Tag, bevor sie fällig werden, einen Retouren–Auftrag mit wenigen Klicks erstellen und diese Lagergebühren vermeiden.

wurde mir bei einer von zwei Rücksendungen der doppelte Betrag berechnet.

Die exakten Versandkosten selber zu berechnen ist eine Herausforderung. Man muß sich verschiedene Informationen an mehreren Orten zusammensuchen.

Ergo suche ich mir von einem Mitbewerber einen vergleichbaren Artikel und nutze den Amazon–eigenen Kalkulator, der hier aufrufbar ist: https://sellercentral – europe.amazon.com/FBA/profitabilitycalculator/index?ref=nslp_at_1441154215277387759_0

Dieses Tool berechnet die Versandkosten und Lagerkosten immer richtig – und innerhalb von Sekundenbruchteilen.

Unten seht ihr einen Screenshot des Kalkulationsprogramms. Hier wurden ein Regenschirm als Beispiel ausgewählt – und ein BBQ Grill / Smoker.

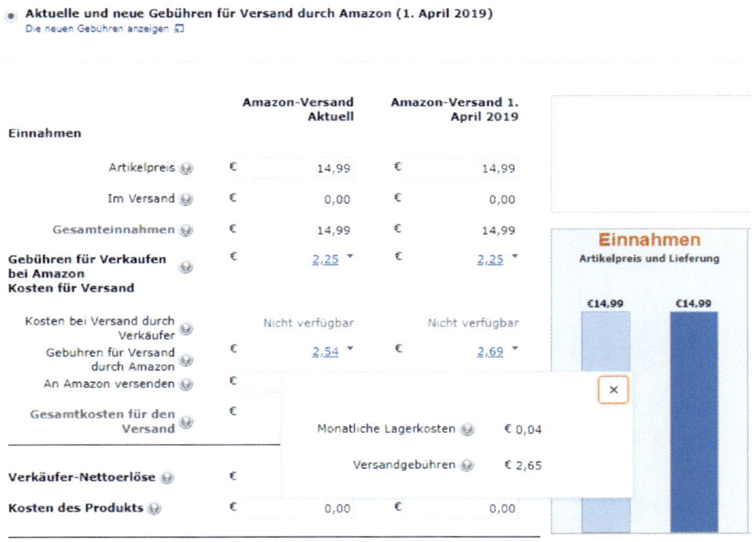

Kalkulieren wir hier also mit 4 Cent Lagergebühren pro Monat – und einer durchschnittlichen Lagerdauer von 3 Monaten. Das ergibt 12 Cent.

Amazon–Übersichtsseite zu allen Lager–, Versand–, und Rücksendekosten:

Versand durch Amazon – Funktionen und Gebühren

https://sellercentral.amazon.de/gp/help/help–page.html?itemID=201074400&ref=ag_201074400_bred_201411300

Porto zu Amazon

Die Waren, die im eigenen Lager / Büro kontrolliert und umgepackt werden mussten, werden nun zu Amazon gesendet. Pro Paket bis 23 Kilogramm berechnet Amazon 3,32 Euro Versandkosten netto. Das Paket selber kostet vielleicht 1,65 Euro netto, das macht somit fast 5 Euro zusätzliche Versandkosten. (Große, stabile Pakete kosten sogar deutlich mehr, bis zu 8 Euro).

Jetzt kommt es auf den Artikel an – auf das Volumen und das Gewicht. Die Kosten für Verpackungsmaterial werden in der Buchhaltung, die der Steuerberater anfertigt, alle auf dem Konto "Verpackungsmaterial" erfasst.

Die Herausforderung ist, daß einige Produkte stark gepolstert werden müssen, wie z. B. Glaswaren – und andere Produkte, wie z. B. Holzschalen oder Regenschirme, wenig Polsterung benötigen. Somit fällt zusätzlich die Polsterung unter die Verpackungskosten pro Artikel.

In diesem Beispiel werden 3 Cent an Verpackungsmaterial netto als realistische Größe in den Raum geworfen. In unserem Beispiel schätzen wir 3 Cent für Verpackungsmaterial (Knüllpapier oder Noppenfolie) pro Artikel. Ferner nehmen wir an, in das 23-KG-Paket passen genau 50 Artikel hinein. Das Gewicht eines kleinen Schirms mag nur 231 Gramm betragen - mit Verpackung sind es 358 Gramm. Hinzu kommt noch Packmaterial und das Gewicht des Pakets selber. Darum müssen wir für 100 Stück zwei Pakete versenden.

Rechnung:

Porto Hinsendung Paket 1		3,32
Porto Hinsendung Paket 2	+	3,32
Papppaket Nr. 1	+	1,62
Papppaket Nr. 2	+	1,62
100 Einzelverpackungen	+	3,00
		12,88

Somit kosten Verpackung und Versand zu Amazon 12,88 Cent pro Artikel.

"Einzelverpackungen" - gemeint ist hier das o. g. Knüllpapier oder die Noppenfolie und das Packband - sind Dinge, die sich pro Artikel auf rund 3 Cent addieren.

Anteilige Grundgebühr pro Versand

Der durchschnittliche Amazon-FBA-Händler verkauft pro Jahr 5.052 Artikel. Die Grundgebühr für Händler beträgt 39,00 Euro pro Monat netto (Reverse-Charge), mithin 468,00 Euro pro Jahr. Das ergibt beim durchschnittlichen Händler weitere 9 Cent Kosten pro verkauftem Artikel.

Die FNSKU–Aufkleber

Amazon benutzt einen eigenen Produktcode, den sogenannten FNSKU-Code. Dieser muss auf jedem Produkt aufgebracht werden. Die einfachste und kostengünstigste Variante besteht darin, diesen Code vom Hersteller auf die Verpackung drucken zu lassen. Falls das nicht möglich ist, druckt man sie sie z.B. mit einem Thermo-Etikettendrucker aus und klebt sie selbst auf. Die Alternative ist, den Service von Amazon dafür zu nutzen.

Kalkulatorisch habe ich hier einen Cent, also 0,01 Euro eingebracht. Genutzt wird ein spezieller Thermo-Etikettendrucker, der wesentlich besser funktioniert, als das Einlegen ganzer Bogen Etikettenpapier in einen Laserdrucker.

Amazon berechnet für diesen Etikettierservice 15 Cent netto pro Artikel. Wenn wir diese Etiketten selber anbringen und unsere Zeit nicht gewinnbringender nutzen können, sollten wir das tun. Wenn dafür ein Mitarbeiter beschäftigt werden sollte, wäre hier genau zu kalkulieren, ob die Kosten pro Etikett nicht doch über den von Amazon avisierten 15 Cent liegen. Im Idealfall haben wir, wie gesagt, bereits den FNSKU vom Lieferanten auf die Packung aufdrucken lassen.

Zeit für eine Zwischenrechnung!

	5,37	Euro (letztes Zwischenergebnis)
–	0,12	Amazon – Lagerkosten
–	0,03	Verpackungsmaterial
–	0,10	Porto zu Amazon
–	0,01	FNSKU – Aufkleber
–	0,09	anteilige Grundgebühr
=	5,02	Euro

Kosten für Werbung

Werbekosten, PPC, (Pay Per Click) und / oder (die bisherigen) Headline Search Ads.
10% Werbekosten vom Brutto-Verkaufspreis sind für den Anfang ja schon ganz gut, das macht 1,19 Euro. Diese PPC-Kosten sind netto - da Amazon aber in Luxemburg sitzt, kommt auch hier das Reverse-Charge-Verfahren zur Anwendung.

Werbung kann man im Sellercentral unter Werbung, oder für Marken als Headline Search Ads buchen. Außerdem sollte jeder Verkäufer, besonders am Anfang, bei der Produkteinführung, Rabatte verwenden. Die Effektivität von Werbung wird als ACoS - Advertising Cost of Sales - bezeichnet. Der ACoS ist der Prozentsatz der Umsätze bezogen auf die Werbeausgaben. Hier wird der ACoS ausführlich erklärt

https://sellercentral.amazon.de/gp/help/external/G201528520?language=de_DE

Ein ACoS von 10% ist für Anfänger hervorragend.

Anmerkung:

Einige Verkäufer sehen, daß die vielen Mitbewerber hohe Gebühren für einen Klick zahlen – und sehen sich nun gezwungen, den Mitbewerber zu überbieten. Amazon schlägt die Kosten pro Klick vor – und die Gründer übernehmen die Vorschläge einfach. Die Werbeplätze werden versteigert. Im Sellercentral sieht man die empfohlenen Kosten pro Klick. Ob ein Euro pro Klick zu teuer ist, kann man pauschal nicht sagen – denn wenn man durch die Werbung auf den ersten 10 Verkaufsplätzen im Ranking landet, werden auch ohne Werbung später i. D. R. viel mehr Produkte verkauft.

Wenn jedoch 1 Euro netto und mehr für einen Klick fällig wird, dann muß man zur Vorsicht mahnen. Wenn nur jeder dritte Klick zum Kauf führt, (was durchaus kein schlechter Wert ist), dann fallen 3 Euro zusätzliche Werbekosten für diesen verkauften Artikel an. Wenn wir günstige Artikel mit einem Endkundenpreis unter 20 Euro verkaufen, dann ist das i. d. R. viel zu teuer.

Auf der anderen Seite ist es notwendig, in den Verkäufen an den Mitbewerbern vorbeizuziehen und auf einem vorderen Verkaufsrang zu landen. Dann braucht man keine Werbung mehr oder nur noch wenig Werbung zu machen – und der Verkauf auf Amazon wird immer lohnenswerter.

Am Anfang ist es mitunter nötig, Werbung zu schalten – ist damit ein guter Verkaufsrang erreicht, bleibt dieser u. U. auch noch erhalten, wenn keine Werbung mehr gemacht wird – vielleicht aufgrund der guten Qualität und des günstigen Preises des Produktes. Somit rechnet sich das Ganze evtl. wieder.

Kosten der Rücksendungen durch Kunden

Nehmen wir an, nur 5% der Kunden senden die Produkte zurück. Du zahlst den Versand von 2,84 Euro und die Retoure von 2,84 Euro und die Amazon-Lager-Prüf-und Wiedereinräumegebühr von 59 Cent netto.

Rechnung: 6,27 Euro pro Rücksendung, x5 = 31,35 Euro. Das macht bei 31,35 Euro Rücksendekosten pro 100 verkaufter Artikel somit 31 Cent pro Artikel.

Die Rücksendequoten schwanken extrem stark - bei Küchenartikeln aus Edelstahl ohne bewegliche Teile (z. B. Apfel-Teiler) sind 3% und weniger durchaus möglich. Bei Damen-Bekleidung und -schuhen ist eher mit 30-65% zu rechnen.

Warenverluste – Schwund

Mitunter kommt es vor, daß Kunden behaupten, sie haben das Paket nicht erhalten - trotz geleisteter Unterschrift. Die Unterschrift stellt sich bei der Überprüfung nur als ein einfacher Strich heraus. Oder der Nachbar hat unterschrieben, bestreitet das aber. Oder der Paketbote hat (mit oder ohne Genehmigung sei dahingestellt) das Paket an einem "vereinbarten Ort" abgestellt, wo es jedoch nicht zu finden ist. Vielleicht wurde es von einem Nachbarn gestohlen? Der Amazon - Bote hat es angeblich in den Briefkasten geworfen, aber es zeigt sich, daß es vor der Briefkastenanlage auf dem Boden lag. So wundert es nicht, daß Sendungsverluste eintreten. Amazon - Boten fragen den erstbesten Bewohner, der in einem Treppenhaus angetroffen wird, ob er der Herr „Mustermann" sei und wenn dieser bejaht, wird ihm das Paket übergeben - ohne jedwede Namensprüfung, ohne daß eine Unterschrift geleistet werden muß. Möglicherweise hat das Paket sich einfach dematerialisiert. Wir wissen es nicht.

Kleine Produkte, die in den Briefkasten passen, werden vom Amazon – Boten eingeworfen, ohne daß der Kunde den Empfang unterschreiben muß. Diese sind besonders verlustanfällig, wie oben geschildert. Gerade bei diesen oft niedrigpreisigen Produkten zeigt sich erfahrungsgemäß, werden besonders gerne z. B. zwei oder drei Stück eines Artikels für z. B. je 11,90 Euro bestellt. Amazon erstattet dem Kunden sofort den Kaufbetrag, das Produkt ist verloren, aber immerhin wird dem Händler von Amazon die Verkaufsprovision erstattet.

Ob es sich hier nur um kleine Gaunereien handelt oder tatsächlich Sendungsverluste eingetreten sind, sei dahingestellt – Amazon erstattet diesen Kunden den Kaufpreis unmittelbar, ohne bei einem Teilverlust die Rücksendung des großen Artikels zu verlangen.

Zuletzt tritt noch der Kunde auf, der ein unbeschädigtes Paket entgegennimmt und behauptet, dieses sei bei der Übergabe bereits leer gewesen.

Auch hier erstattet Amazon wieder auf Rechnung des Händlers jedweden vermeintlichen Verlust.

Bei den Warenverlusten zeigen sich ca. weitere 2% Schwund. Du zahlst den Versand von 2,84 Euro und deine Einkaufskosten des Produkts von vielleicht 5,95 Euro netto.

Zwischenrechnung:
8,79 Euro pro Verlust, x2 = 17,58 Euro. Das macht bei 17,58 Euro Kosten durch Schwund pro 100 verkaufter Artikel, somit 18 Cent pro verkauftem Artikel.

Extra–Versandkosten für Nicht–Prime–Kunden von 3,99 Euro

> Amazon versendet die Lieferungen für Kunden ohne Prime um wenigstens einen Tag verzögert - vielleicht, um die Kunden zum Abschluß von Prime zu motivieren. Notwendig ist das nicht, denn diese Kunden zahlen sogar zusätzlich 3,99 Euro Versandgebühren - im Gegensatz zu den Kunden, die Prime nutzen. Die Versandkosten hat der Händler, der Prime anbietet, ohnehin schon einkalkuliert - wenn ein Kunde ohne Prime - Status diesen Artikel kauft, dann werden 3,99 Euro brutto, also 3,35 Euro netto, zusätzlich von Amazon aufgeschlagen. Das wird so offen aber nicht kommuniziert.

Es sieht wie folgt aus:

Amazon mag ja in Luxemburg seinen EU - Unternehmenssitz begründet haben, aber alle Umsätze werden VON DIR, dem Händler, in Deutschland erbracht und müssen hier auch versteuert werden.

Amazon übernimmt den Forderungseinzug, kümmert sich um den Versand sowie die Retourenabwicklung und stellt natürlich die Verkaufsplattform bereit. DU, als Händler, bekommst vom Kunden für den Versand 3,35 Euro netto plus die Mehrwertsteuer von 64 Cent - das macht 3,99 Euro.

Amazon sitzt in Luxemburg und stellt dir den Nettobetrag von 3,35 Euro zusätzlich in Rechnung.

Amazon zieht dir somit die zusätzlichen Versandkosten wieder ab.

Dir, als Händler, dir bleibt davon leider nichts übrig.

Dein Kaufpreis des Produkts

Nehmen wir an, du hast dein Produkt von einem Deutschen Hersteller für 5,95 Euro netto eingekauft – incl. aller Nebenkosten wie Porto und Verpackung und vielleicht noch einer Transportversicherung.

Deinen Kaufpreis des Produkts plus den Nebenkosten der Beschaffung, wie Porto, Fracht, Versicherung u. s. w. nennt man Einstandspreis.

Zwischenrechnung:

	5,02	Euro
–	1,19	Werbekosten
–	0,31	Retouren
–	0,18	Warenschwund
=	3,34	Euro
	3,34	Euro
–	5,95	Einstandspreis
=	**– 2,61**	**Verlust**

– also: 2,61 Euro negativer Deckungsbeitrag pro verkauftem Artikel!

Die deutschen Lieferanten sind (viel zu) teuer

Bei Produkten, die von deutschen Herstellern kommen, sehe ich bei meinen Artikeln immer wieder, daß der angebotene Händler-Einkaufspreis ziemlich genau 50%

der unverbindlichen Preisempfehlung beträgt. Und die UVP ist brutto. In unserem Beispiel haben wir einen Brutto-Verkaufspreis von 11,90 Euro - somit 5,95 Euro Netto-Einkaufspreis. Bei Bestellungen von über 500 Euro verstehen diese sich oft incl. der Versandkosten - daher wurde hier der Einkaufs - gleich dem Einstandspreis gesetzt.

Im Einkauf liegt der Gewinn

Gemeinkosten (Fixkosten)

Lt. meiner Buchhaltung hatte ich anfänglich pro 100 Euro Nettoumsatz noch 35% Gemeinkosten (das ist am Anfang bei sehr geringen Umsätzen so). Bei doppeltem Umsatz wären es nur 17,5% gewesen - und bei 10fachem Umsatz nur noch 3,5%. Diesen und einen noch geringeren Wert will man als Händler gerne haben.

Was bedeutet das? Das kann bedeuten, daß du 30.000 Euro Umsatz netto gemacht hast (in dem Beispiel hier oben sind das die 10 Euro) und 10.500 Euro sonstige Kosten hattest, wie Analysetools, Telefonkosten, Ticketkosten für Treffen, Bürobedarf, Reisekosten, Steuerberater, DPMA- und Rechtsanwaltsgebühren und den Abmahnschutz, die Beiträge für die Produkt- und Betriebshaftpflichtversicherung (die sehr gut angelegt sind) und die GS1-Gebühren und die vielen weiteren anfallenden Kosten betragen 3,50 Euro je 10 Euro Umsatz.

Endrechnung:

–	2,61	Euro (Verlust)
–	3,50	Gemeinkosten
=	6,11	Verlust pro 10 Euro Umsatz

Das erklärt, warum so viele Gründer mit Verlusten im ersten Jahr starten.

Vor dem Start als Händler, der FBA nutzt, sollte eine ordentliche Warenhandelskalkulation durchgeführt werden.

Die Versicherungen für FbA-Verkäufer - Einzelfirma und Kapitalgesellschaft

D&O-Versicherung (**Directors-and-Officers-Versicherung**, auch Organ- oder Manager-Haftpflichtversicherung)

D&O ist interessant für Kapitalgesellschaften, besonders dann, wenn Investoren im Boot sind. Dafür würde ich unbedingt eine empfehlen. Wenn die Investoren der Meinung sind, dass der GF alles falsch gemacht hat, bekommt man schneller Post von deren Anwalt als man den Briefkasten aufgeschlossen hat.

Die Rechtsschutzversicherung schützt die ganze Gesellschaft, die D&O die Manager/ Geschäftsführer.

Da gibt es inzwischen gute Lösungen im Versicherungsbereich - leider nicht ganz preiswert. Das liegt daran, dass in solchen Fällen die Strafe und das

Verfahren bezahlt werden. In den letzten Jahren haben einige Manager von DAX-Unternehmen ihre D&O in Anspruch nehmen müssen.

Der 2. Punkt, wo eine D&O bzw. Straf-Rechtsschutz interessant sein kann, sind Rechtsverletzungen im Bereich Sozialversicherung. Also: kein Mindestlohn gezahlt, Scheinselbständige beschäftigt etc.

Spezialstrafrechtsschutz ist bei speziellen Versicherungen z.B. unter Strafrechtsschutz mitversichert. Man bekommt die Kosten des Verfahrens, Anwälte mit beliebigen Stundensätzen (das können auch einmal 500€ pro Stunde sein), Tagesgeld während Haftzeiten erstattet.

Falls man am Ende für Vorsatz verurteilt wird, dann muss man alles zurückzahlen.
Aber meist ist man dann ohnehin Insolvent.

Für wen ist das interessant?

NEM, Kosmetik - da könnte der Vorwurf der Körperverletzung im Raum stehen, wenn man versehentlich, trotz Prüflabor-Zertifikat der betroffenen Charge, kontaminierte Produkte verkauft hat.

Und: Wenn die Steuerbehörden feststellen, dass man gröbere Fehler gemacht hat. Im Strafrechtsschutz bekommt man SOFORT einen Anwalt, wenn sie morgens um 6 Uhr an deiner Tür klopfen und alles mitnehmen wollen zur Beweissicherung.

Welche Gesellschaft da im Moment am besten ist kann

man nicht so pauschal sagen. Jeder Vertreter sagt, dass seine Gesellschaft die beste ist. Sie zeigen Tabellen mit Vergleichen, wo bei ihrer Gesellschaft überall ein grüner Haken ist - dabei haben sie die Kriterien extra so ausgewählt. Und die meisten Makler machen es sich einfach und bieten nur eine oder zwei an.

Einnahmen-Überschuß-Rechnung vs. Bilanzierung

Eine Anmerkung muß noch gemacht werden.

Angenommen, wir machen eine EÜR & wir haben am 30.12. genau 50.000 Euro Gewinn erzielt – und haben auch genau 50.000 Euro auf dem Bankkonto. Unser Warenbestand ist Null.

Am 31.12. kaufen und zahlen wir schnell noch Ware für 50.000 Euro – unser Gewinn beträgt jetzt 0,00 Euro. Unser Steuerlast: 0,00 Euro.

Bei der Bilanzierung sieht es hingegen anders aus. Wir haben wieder am 30.12. genau 50.000 Gewinn erzielt und haben auch 50.000 Euro auf dem Bankkonto – und unser Warenbestand ist ebenfalls Null.

Wenn wir jetzt am 31.12. noch für 50.000 Euro Ware kaufen, dann beträgt der Gewinn dennoch 50.000 Euro – und von diesen 50.000 Euro müssen wir Steuern zahlen. Dabei beträgt unser Kontostand 0,00 Euro.

Das Geld und somit der Gewinn ist nicht verloren – es hat nur eine andere Form angenommen.

Dies ist ein Vorteil, der kleinen Unternehmen, die eine EÜR machen dürfen, gewährt wird – man zahlt keine Steuern, wenn man seinen Gewinn vor Jahresende sofort wieder in Ware investiert oder anderweitig Kosten produziert.

Das ist ein Grund, warum man, obwohl man vielleicht schon erfolgreich gestartet ist, keinen Gewinn in der EÜR ausweisen kann.

Wenn man mehr, als 600.000 Euro Umsatz p. a. erzielt oder mehr, als 60.000 Euro Gewinn erwirtschaftet hat, dann muß bilanziert werden. Beim Wechsel von der EÜR zur Bilanz ergibt sich ein erheblicher Übergangsgewinn.

Der Steuerberater läßt sich die Mehrarbeit angemessen vergüten. Hier fallen (Stand 2019) durchaus 3.500 Euro netto aufwärts an (Stand: 2019).

Neue Rechnung

Hier müssen wir noch eine Rechnung aufmachen.
Nehmen wir einfach an, wir würden, statt rund 2,60 Euro Verlust pro Artikel, einen Gewinn von 1,50 Euro machen, also 1,50 Euro Deckungsbeitrag erzielen.

Praxisbeispiel A:
wir haben nur 6.000 Euro Fixkosten verursacht, weil wir sehr sparsam waren und die üblichen Anfängerfehler ausgelassen haben. Vielleicht haben wir uns von den vielen Anbietern diverser Tools nicht verführen lassen!?!

Praxisbeispiel B:
wir haben 21.000 Euro Fixkosten verursacht, weil wir nicht sehr sparsam waren und die üblichen Anfängerfehler gemacht haben. Vielleicht haben wir uns von den vielen Anbietern diverser Tools verführen lassen!?!

Wie viele Artikel müssen verkauft werden, bis wir wenigstens 18.000 Euro Gewinn pro Jahr gemacht haben – damit wir davon gerade so leben können?

Beispiel A: 6.000 Euro + 18.0000 = 24.000 Euro / 1,50 Euro Deckungsbeitrag
= 16.000 Artikel müssen verkauft werden – das macht bei 364 Verkaufstagen
fast 44 Artikel pro Tag.

Beispiel B: 21.000 Euro + 18.000 = 39.000 Euro / 1,50 Euro Deckungsbeitrag
= 26.000 Artikel müssen verkauft werden – das macht bei 364 Verkaufstagen
etwas über 71,4 Artikel pro Tag.

Resultat:

Der durchschnittliche Amazon–Verkäufer hatte im Jahr 2016 rund 97.000 Euro Umsatz – und zwar 5.052 Artikel zu 19,24 Euro in 4.812 Warenkörben zu 20,20 Euro. Im Durchschnitt befanden sich (in meinen Warenkörben! – ich habe keine anderen, verlässlichen Angaben gefunden) 1,05 Artikel.

Wenn Du als junger FBA–Neuling starten willst und davon notgedrungen leben musst, wenn Du nur 1,50 Euro Gewinn pro verkauftem Artikel einfährst, dann musst Du als sparsamer Gründer 16.000 Artikel verkaufen. Als nicht sehr sparsamer Gründer mußt Du 26.000 Artikel verkaufen.

Der durchschnittliche Amazon – Verkäufer setzt nur 5.052 Artikel pro Jahr ab.

Einige Gründer fangen mit nur einem einzigen Artikel an und wollen bereits davon leben – mit nur eine einzigen Artikel mehr als dreifach so viele Einheiten zu verkaufen, als der durchschnittliche Händler mit mehreren Artikeln absetzt – das ist eine durchaus sportliche Aufgabe!

Mit einer brillanten Produktidee könnte dies vielleicht durchaus möglich sein!

Neue Berechnung:

Wieviel Gewinn (Deckungsbeitrag) pro Artikel muß der durchschnittliche Amazon-Verkäufer, (der ja nur 5.052 Artikel pro Jahr verkauft), erwirtschaften, um wenigstens 18.000 Euro Gewinn pro Jahr zu machen - damit er davon gerade so leben kann?

Beispiel A: 6.000 Euro + 18.0000 = 24.000 Euro / 5.052 verkaufte Artikel

= 4,75 Euro muß der super-sparsame Otto-Normal-Amazon-Händler pro verkauftem Artikel an Gewinn erzielen, um von seinem Geschäft gerade so leben zu können.

Beispiel B: 21.000 Euro + 18.000 = 39.000 Euro / 5.052 verkaufte Artikel

= 7,72 Euro muß der nicht besonders sparsame Otto-Fast-Normal-Amazon-Händler pro verkauftem Artikel an Gewinn erzielen, um von seinem Geschäft gerade so leben zu können.

Jetzt schauen wir einmal, ob bei einer der bisherigen Kalkulationen 4,75 Euro oder sogar 7,72 Euro an Deckungsbeitrag übrig geblieben sind.

Wann wirft der Handel auf Amazon für den Durchschnittsverkäufer genug Gewinn für den Lebensunterhalt ab?

Rechnen wir doch einfach einige Beispiele durch!

Beispielkalkulationen

		Muster-kalkulation	Günstiger Versand	Versand 3,17	Versand 5,53
VKP (Marktpreis)		**11,90**	**11,90**	**11,90**	**11,90**
- USt 15,97%		1,90	1,90	1,90	1,90
= ZwisSu		**10,00**	**10,00**	**10,00**	**10,00**
- VK-Gebühr 15%		1,79	1,79	1,79	1,79
- Versand		3,72	1,82	3,17	5,53
- Versand aus DE - 50 Cent		0,50	0,50	0,50	0,50
= ZwisSu		**3,99**	**5,89**	**4,54**	**2,18**
- Einkaufspreis netto		5,95	5,95	5,95	5,95
Lagerkosten pro 3 Monate		0,06	0,06	0,06	0,06
- Verpackung**		0,03	0,03	0,03	0,03
- Aufkleber		0,01	0,01	0,01	0,01
- Gravur		0,00	0,00	0,00	0,00
- Aufhänger		0,00	0,00	0,00	0,00
- Anteiliges Porto zu mir		0,00	0,00	0,00	0,00
- Anteiliges Porto zu Amazon*		0,10	0,10	0,10	0,10
- Anteilige GG bei X Verkäufen	5052	0,09	0,09	0,09	0,09
Gewinn/Verlust		**-2,25**	**-0,35**	**-1,70**	**-4,06**
- Werbung netto vom VKP	10%	1,19	1,19	1,19	1,19
- Retouren	5%	0,00	0,00	0,00	0,00
- Warenschwund	2%	0,00	0,00	0,00	0,00
Deckungsbeitrag		**-3,44**	**-1,54**	**-2,89**	**-5,25**

(anderes Produkt, andere Lagerkosten, andere Versandkosten)

Hier sehen wir, daß ein Artikel, der zu teuer eingekauft wurde, auf Amazon kaum gewinnbringend angeboten werden kann. Der EK beträgt netto 50% des VK brutto.

> Das ist der Tarif, der mir von deutschen Herstellern i. d. R. angeboten wird. Man kann Gewinn machen, **wenn die Versandkosten gering sind –** daher muß man wirklich Zeit und Mühe in die optimale Verpackung investieren! Man kann Gewinn machen, wenn man keine Werbekosten hat – dazu muß der Artikel jedoch erst einmal der Bestseller werden.

Alternative Kalkulation: Günstiger Netto-EK von 15% des Brutto – Verkaufspreises.

günstiger EK 15%		Muster-kalkulation	Günstiger Versand	Versand 3,17	Versand 5,53
VKP (Marktpreis)		**11,90**	**11,90**	**11,90**	**11,90**
- USt 15,97%		1,90	1,90	1,90	1,90
= ZwisSu		**10,00**	**10,00**	**10,00**	**10,00**
- VK-Gebühr 15%		1,79	1,79	1,79	1,79
- Versand		3,72	1,82	3,17	5,53
- Versand aus DE - 50 Cent		0,50	0,50	0,50	0,50
= ZwisSu		**3,99**	**5,89**	**4,54**	**2,18**
- Einkaufspreis netto		1,79	1,79	1,79	1,79
Lagerkosten pro 3 Monate		0,06	0,06	0,06	0,06
- Verpackung**		0,03	0,03	0,03	0,03
- Aufkleber		0,01	0,01	0,01	0,01
- Gravur		0,00	0,00	0,00	0,00
- Aufhänger		0,00	0,00	0,00	0,00
- Anteiliges Porto zu mir		0,00	0,00	0,00	0,00
- Anteiliges Porto zu Amazon*		0,10	0,10	0,10	0,10
- Anteilige GG bei X Verkäufen	5052	0,09	0,09	0,09	0,09
Gewinn/Verlust		**1,92**	**3,82**	**2,47**	**0,11**
- Werbung netto vom VKP	10%	1,19	1,19	1,19	1,19
- Retouren	5%	0,00	0,00	0,00	0,00
- Warenschwund	2%	0,00	0,00	0,00	0,00
Deckungsbeitrag		**0,73**	**2,63**	**1,28**	**-1,08**

Hier die gleiche Kalkulation mit einem günstigen EK von nur 1,19 Euro – statt 5,95 Euro

Resultate:

- Der Gewinn liegt im Einkauf
- Der Gewinn liegt in der günstigen Verpackung
- Der Gewinn liegt in den Werbungskosten – der Bestseller wird von Amazon immer ganz vorne angezeigt, auch ohne Werbung

- Der Verlust liegt in den ausufernden Fixkosten
- Der Verlust liegt im zu geringen Marktpreis
- Ladenhüter sorgen für Verluste
- Anfänger lassen sich von diversen Tools täuschen und beziehen einfach nicht alle Kosten in ihre Kalkulation mit ein

Gewinn eines durchschnittlichen Amazon–Händlers

Wir kennen jetzt die Kostenstruktur; das war ein ordentliches Stück Arbeit!

Da wir irgendeine Rechengröße brauchen, um herauszufinden, ob und wie man mit Amazon seine finanzielle Freiheit leicht erreichen kann, nehmen wir einfach den Max Mustermann der Amazon – Händler. Den absoluten Durchschnittstypen – und sehen uns an, wie viele Artikel er pro Jahr verkauft. Die Verkaufsprovision und USt sind leicht zu ermitteln – die Versandkosten müssen wir schätzen – die restlichen Kosten nehmen wir aus dem obigen Beispiel.

Einzige Vorannahme: MEIN durchschnittlicher Warenkorb beträgt 1,05 Einheiten – nur selten kauft einmal jemand zwei oder mehr Produkte.

Auf geht's!

> In einem Online-Artikel der Website shopanbieter.de - https://www.shopanbieter.de/10967-marktplatzreport-der-grosse-umsatzvergleich-zwischen-amazon-und-ebay - sehen wir, im Zeitraum 1-9/2016 betrug der durchschnittliche Warenkorb der Amazon-Händler 20,80 Euro brutto. Er bezieht sich auf folgende Website: https://www.billbee.io/blog/ecommerce/infografik-duell-der-kanaele/
>
> Weitere Zahlen: durchschnittlicher Umsatz pro Monat: €8.100,90 - p. A., somit €97.210,80
>
> Der durchschnittliche Warenkorb beträgt €20,20 - das ergibt 4.812,42 Warenkörbe pro Jahr.

Da Amazon auch bei Versand mehrerer Artikel in einem Paket für jeden Artikel einzeln die Versandgebühren an den Händler berechnet, müssen wir herausfinden, wieviel ein Artikel durchschnittlich kostet.

20,20 Euro pro Warenkorb / 1,05 Artikel pro Warenkorb = 19,24 Euro pro verkauftem Artikel. 1,05 Artikel pro Warenkorb ist MEIN eigener Mittelwert, der von dem der wenigen anderen mir bekannten Buchhaltungen nur marginal abweicht.

97.210,80 Umsatz pro Jahr brutto / 19,24 Preis pro Artikel = 5.052 verkaufte Artikel pro Jahr.

Es werden also pro Jahr näherungsweise 5.052 Artikel in 4.812 Warenkörben verkauft.

Rechnen wir einige Beispiele durch!

Es wurde einige Annahmen getroffen: Die Einkaufspreise betragen netto

- 50% des Verkaufspreises,
- 33% des VK,
- 25% des VK und
- 15% des VK
- Da die durchschnittlichen Versandkosten nicht bekannt sind, nehmen wir einen Mittelwert von 2,85 Euro netto – plus 50 Cent Aufschlag für die Nutzung der deutschen Warenlager.
- Rechnen wir einfach vier Beispiele durch – ausgehend von 5% Retourenquote und 2% Verlustquote – die restlichen Werte wie gehabt.

durchschnittlicher Amazon-Verkäufer		50% A	33% B	25% C	15% D
VKP (Marktpreis)		**19,24**	**19,24**	**19,24**	**19,24**
- USt 15,97%		3,07	3,07	3,07	3,07
= ZwisSu		**16,17**	**16,17**	**16,17**	**16,17**
- VK-Gebühr 15%		2,89	2,89	2,89	2,89
- Versand		2,85	2,85	2,85	2,85
- Versand aus DE - 50 Cent		0,50	0,50	0,50	0,50
= ZwisSu		**9,93**	**9,93**	**9,93**	**9,93**
- Einkaufspreis netto		9,62	6,35	4,81	2,89
Lagerkosten pro 3 Monate		0,06	0,06	0,06	0,06
- Verpackung**		0,03	0,03	0,03	0,03
- Aufkleber		0,01	0,01	0,01	0,01
- Gravur		0,00	0,00	0,00	0,00
- Aufhänger		0,00	0,00	0,00	0,00
- Anteiliges Porto zu mir		0,00	0,00	0,00	0,00
- Anteiliges Porto zu Amazon*		0,10	0,10	0,10	0,10
- Anteilige GG bei X Verkäufen	5052	0,09	0,09	0,09	0,09
Gewinn/Verlust		**0,02**	**3,29**	**4,83**	**6,75**
- Werbung netto vom VKP	10%	1,92	1,92	1,92	1,92
- Retouren	5%	0,31	0,31	0,31	0,31
- Warenschwund	2%	0,27	0,20	0,17	0,13
Deckungsbeitrag		**-2,49**	**0,85**	**2,42**	**4,38**

Resultat der Warenhandelskalkulation:

Immerhin ist ein positiver Deckungsbeitrag von 4,38 Euro pro verkauftem Artikel theoretisch möglich - unter der Annahme, daß der Einstandspreis nicht mehr, als 15% des Verkaufspreises und die Versandgebühr incl. Zuschlag für die Nutzung deutscher Warenlager 3,35 Euro beträgt.

Ein Amazon–Verkäufer, der von 18.000 Euro Gewinn leben kann, der verkauft durchschnittlich 5.052 Artikel pro Jahr für

19,24 Euro brutto; er zahlt 3,35 Euro Versandkosten netto für jeden Artikel und er zahlt nicht mehr als 2,98 im Einkauf für seinen Artikel.

Wir müssen also ein Produkt finden, das netto nicht mehr, als 2,89 Euro im Einkauf kostet und für 19,24 Euro verkauft werden kann. Dabei erzielt er immerhin 4,38 Euro Deckungsbeitrag pro Artikel. Der Nettoeinkaufspreis beträgt somit 15,49% des Bruttoverkaufspreises. Gefordert war allerdings ein Artikel mit mindestens 4,75 Euro Deckungsbeitrag.

Bei den Kleinteilen bis 15 Euro Bruttoverkaufspreis auf Amazon lohnt sich Fulfillment by Amazon (FBA) erfahrungsgemäß dann, wenn du

a) keine Werbekosten hast und

b) du brutto zum 10fachen des Netto – Einkaufspreises verkaufen kannst und

c) das Produkt incl. Paket unter 45 cm lang und möglichst leicht ist, damit die Versandkosten auch gering bleiben.

Also, wenn du für max. 1,50 netto einkaufst und für 15 Euro brutto verkaufst.

Es kann dir passieren, wie mir auch, daß ein Artikel inkl. Karton sogar über 45 cm lang ist, dann kostet der Versand 5,53 Euro netto – sogar dann, wenn es nur ein Kochlöffel ist. Der Einkaufspreis eines meiner Artikel betrug 1,68 Euro netto – und alleine der Versand über Amazon 5,53 Euro netto. Von diesem Versandpreis müssen die 17,85% Versandgebühren und die USt gezahlt werden. Der Händler (und letztendlich der Kunde) zahlt also beim Kauf über Amazon gewaltige Aufschläge.

Für den Händler bleibt trotz der hohen Aufschläge, die der Kunde zahlt, doch nur wenig Gewinn pro Stück übrig

Wichtige Erkenntnisse!!!

- **Halte die Fixkosten so gering wie möglich!**
- Büromöbel – gibt es auch gebraucht
- Firmen-PKW? Am Anfang reicht auch ein Bus-Ticket.
- Lohnen sich die vielen Treffen von Amazon-Gurus und -beratern und Softwareanbietern?
- 3 verschiedene Tools im 12-Monats-Abo? Die 2-Wochen-Kostenlos-Version eines Tools genügt evtl. auch!
- Kauf-Videos, die dir alles erklären – für 247, 297, 449 oder 797 oder 1997 Euro? Es findet sich alles kostenlos auf YT – mit Ausnahme einer guten Kalkulation.
- Traue niemandem, der von Umsätzen redet, vielleicht sogar noch brutto – und nicht von dem kleinen Rest, der als Deckungsbeitrag oder sogar als Gewinn übrig bleibt.
- Spare an Tools, wo es möglich ist.
- JETZT ist NICHT der beste Moment, um zu starten, sondern:
  JETZT ist der beste Moment, dich besser vorzubereiten!

  Warte zwei Monate ab und sieh dir mehr kostenlose YT-Videos über Amazon FBA an, lies ein einziges Buch über Betriebswirtschaftslehre, wie z. B. den Wöhe (Einführung in die Allgemeine Betriebswirtschaftslehre).

  In den zwei Monaten, in denen Du dich besser

vorbereitest, werden dir sicherlich nicht die Millionenumsätze und ganz sicher keine Millionengewinne entgehen

https://www.amazon.de/Einf%C3%BChrung-Allgemeine-Betriebswirtschaftslehre-G%C3%BCnter-W%C3%B6he/dp/3800650002/ref=sr_1_1?__mk_de_DE=%C3%85M%C3%85%C5%BD%C3%95%C3%91&keywords=w%C3%B6he&qid=1562960749&s=books&sr=1-1

- Wenn Du ernst machen willst, hol dir auch das Übungsbuch dazu. Wenn du Sparsamkeit aktiv praktizieren willst, ist hier eine gute Möglichkeit, damit anzufangen – hole dir gebrauchte Bücher für 5 Euro. Eine ältere Version genügt auch.
- Besuche IHK–Seminare. Diese sind oftmals kostenlos und beschäftigen sich mit wichtigen Themen, wie "Rechtliche Tipps für Unternehmer/innen" oder "Marketing–Grundlagen (klassische Methoden): Erfolgsfaktor Zielgruppenorientierung beim Marketing", Außenhandel, oder oder oder...

- **Im Einkauf liegt der Gewinn.**
- **In platzsparender, leichter Verpackung liegt der Gewinn.**
- **Ohne Werbung geht es anfänglich nicht, denn das eigene Produkt muß der Bestseller sein, damit es bei Amazon ganz oben angezeigt wird.**

Wichtige Erkenntnisse die Versandkosten betreffend, die sich erst einstellen, wenn man schon auf Amazon verkauft:

1. Anfänglich dachte ich noch, die 3,99 Euro zusätzliche Versandkosten bei Kunden ohne Prime, die Amazon von seinen Kunden nimmt, (3,35 Euro netto) die würde ich zusätzlich bekommen - aber das ist falsch.
2. Anfänglich dachte ich noch, Amazon berechnet seinen Prime-Kunden die 69 Euro Jahresgebühr und zahlt damit die Versandgebühr für ein Jahr - ganz egal, wie viel der Kunde kauft.

   Sollte der Kunde sehr oft und viel bestellen, dann wird der Prime-Betrag von aktuell 69 Euro verbraucht, aber durch die Vielzahl der Käufe bekommt Amazon von seinen Händlern ja auch sehr oft Provisionen und deshalb würde sich das Prime-Geschäft für Amazon dennoch lohnen.

Diese Infos waren bisher auch in gekauften Kursen nicht zu finden. Natürlich lohnt sich der Verkauf auf Amazon dennoch - wenn die Voraussetzungen stimmen. Man braucht entweder eine brillante Idee, so daß sich die Produkte in hoher Anzahl in kurzer Zeit verkaufen oder viel Kapital, um sowohl eine größere Stückzahl einkaufen zu können, als auch mit mehreren Produkten zu starten.

Das war alles ein großer Irrtum!

Unter “SellerCentral – Zahlungsübersicht anzeigen – Auszahlungsbericht “ – steht unter “Bestellungen” der Punkt “Andere (Gutschrift für Versandkosten & Geschenkverpackung)” – daß 3,99 Euro (pro Kauf eines Nicht–Prime–Kunden) eingenommen wurden.

Die USt daraus zahlt der Amazon–Händler, also Du, ans Finanzamt. Den Nettobetrag von 3,35 Euro stellt dir Amazon sofort wieder in Rechnung – das ist aber versteckt.

Artikelpreis		
	Menge: 1	19,50 €
Andere		
Versand:		3,99 €
Verkaufserlöse		23,49 €
Amazon-Gebühren		
Ausgleich für Versand:		-3,35 €
Gebühr für Versand durch Amazon:		-5,53 €
Verkaufsgebühr:		-2,93 €
Änderung Ihres Verkäuferkonto-Guthabens		11,68 €

Bestellungen	Artikelpreis	
	Aktionsrabatt	
	Amazon-Gebühren	
	Andere (Gutschrift für Versandkosten & Geschenkverpackung)	€3,99
		Gesamtsumme

Etwas tiefer steht “Gesamtsumme” und der Betrag. Der Betrag ist unterstrichen – das ist ein Link. Darauf muß man klicken – und nun kann man den verkauften Artikel auswählen. Man kommt zu dem hier gezeigten Bild. Amazon berechnet einen

“Ausgleich für Versand: ” 3,35 Euro - es bleibt für den Händler leider nichts übrig.

Amazon finanziert mit diesem Prime–Beitrag offensichtlich andere Bereiche quer.

Die Arbeitsplätze der Versandmitarbeiter, die Infrastruktur, die Pakete und das Verpackungsmaterial, die Gehälter und die Lohnnebenkosten sind so hoch, daß im Versand vermutlich immer noch Geld verbrannt wird - obwohl die Mitarbeiter schlicht und ergreifend wahrscheinlich ausgebeutet werden. Entsprechende Fernsehberichte zeigen diesen Mißstand deutlich auf.

Die Löhne, Gehälter und Lohnnebenkosten sind in Deutschland im Vergleich zum benachbarten Europäischen Ausland so hoch, daß der Versand jeden FBA - Paketes für den Endkunden 50 Cent teurer ist, als benachbarten EU - Ausland, namentlich in Polen und der Tschechei.

Die Kosten zahlt auch der einzelne Mitarbeiter im Paketdienst, jeder Auslieferungsfahrer. Ein normales Paket kostet am DHL - Schalter ab 4,99 Euro ein Paket mit einem Gewicht von 31 Kilogramm sogar 16,49 Euro. Versendet ein Händler ein Paket desselben Gewichts zu einem Amazon - Warenlager, dann werden dafür ganze 3,32 Euro seitens Amazons - und somit wahrscheinlich noch weniger seitens DHL - berechnet. Dieser Preisdruck führte auch bei DHL zur Auslagerung von Arbeitsplätzen und zur Ausbeutung der Paketboten.

(Bei größeren Versandmengen von rund 35.000 Stück pro Jahr zahlen Eigenversender derzeit ca. 3,08 Euro netto pro Stück, soweit mir bekannt).

All diese genannten Mitarbeiter zahlen letztlich für die billigen Pakete, die wir bei Amazon kaufen. Moralisch ist das verwerflich.

Letzten Endes zahlt der Kunde immer den Versand seines Pakets selbst – denn die Versandkosten sind bereits im Endpreis des FBA-Prime-Händlers, (dessen Waren Amazon ja versenden lässt oder sogar selber versendet) mit einkalkuliert.

Der Kunde ohne Prime – Mitgliedschaft zahlt den Versand seines Pakets quasi doppelt, denn er zahlt bei Käufen unter 29 Euro die Versandkosten von 3,99 Euro zusätzlich.

Die Versandkosten, die Amazon an die Versanddienstleister zahlt, die sind extrem gering – sie liegen weit unter den 4,99 oder 5,99 – bis zu 16,49 Euro, die ein DHL-Kunde online (1 Euro Online-Rabatt wurde hier bereits berücksichtigt) zahlen muß.

In den Versandkosten, die in der Tabelle aufgeführt sind, wurden bereits Aufschläge von 0,50 Euro pro verkauftem Artikel hinzugerechnet.

Wer es Amazon gestattet, aus Polen oder Tschechien zu versenden, zahlt 50 Cent pro verkauftem Artikel weniger – wie bereits erwähnt.

Die Nutzung der Läger in Polen und Tschechien verkompliziert und verteuert die steuerliche Handhabung jedoch ungemein und lohnt sich nach überschlägiger Berechnung nur für diejenigen Verkäufer, die mindestens 2.000 Pakete pro Monat von Amazon per FBA versenden lassen.

Fassen wir noch einmal zusammen:

Der Händler zahlt immer die Versandkosten – ganz gleich, wieviel oder wenig der Kunde von ihm oder / und anderen Händlern kauft.

Kauft ein Kunde von einem Händler z. B. 10 Stück eines Artikels, zahlt er 10x die Versandkosten, die ja schon im Artikelpreis mit einkalkuliert sind.

Vielleicht ist es dir schon aufgefallen, daß - wenn Du mehrere verschiedene Artikel von Amazon kaufst - du mehrere Pakete bekommst. Das liegt daran, daß Amazon nicht alle Artikel in allen Versandlagern vorrätig hält - Artikel 1 kommt aus einem anderen Lager , als Artikel 2, als Artikel 3 - daher bekommt man mehrere Lieferungen bei einer Bestellung.

Und hat der Kunde den Artikel 1 insgesamt 10x bestellt, dann zahlt er 10x die Versandkosten und Amazon streicht den zusätzlichen Gewinn ein.

Allerdings, das muß erwähnt werden, liegt der durchschnittliche Warenkorb bei Amazon irgendwo zwischen 1,03 und 1,10 Artikeln. Also: von 100 Kunden kaufen nur 3 bis 10 Kunden mehr, als einen Artikel ein.

Auch Prime - Kunden zahlen den Versand! Er ist im Endpreis einkalkuliert

---

Viele Kunden glauben wirklich, der Prime-Versand wäre kostenlos - aber das ist grundfalsch! Der Endkunde zahlt immer die Versandkosten, und zwar bei jedem einzelnen Artikel für das Paket und für den Versanddienstleister - oder der Händler zahlt den Versand - und zwar dann, wenn er mit seinem Verkauf einen Verlust macht. Das passiert gar nicht so selten.

Welche Schlußfolgerungen können aus all den Berechnungen gezogen werden?

Um von Amazon ansatzweise leben zu können, müssen sich Produkte finden, die den genannten Deckungsbeitrag erwirtschaften. Das ist nicht einfach - und wenn man es schon geschafft hat, dann kommt ein Nachahmer und verkauft ein vergleichbares Produkt günstiger. Das kann er vielleicht, weil er einen Hersteller gefunden hat, der günstigere Produkte oder günstigere Produktverpackungen liefert - oder weil er schlicht mit Verlust verkauft.

Wenn ein Händler - dank Eigenmarke - ein Produkt sehr hochpreisig anbietet, dann hat er zwar keine Mitbewerber, er erwirtschaftet pro verkauftem Artikel einen ordentlichen Gewinn - aber er verkauft wahrscheinlich sehr wenige Artikel pro Zeiteinheit.

Um dies auszugleichen, sollte man mehrere Artikel anbieten. Um mehrere Artikel anbieten zu können, müssen diese natürlich zuvor eingekauft werden.

Was braucht man, um diese Artikel zu identifizieren und zu kaufen? Ein Programm, ein Werkzeug, mit dem man Amazon-Verkäufe analysieren und rentable Produkte finden kann. Und man benötigt eine Menge Eigenkapital oder Fremdkapital, um diese Produkte einzukaufen bzw. produzieren zu lassen.

Mit 10.000 Euro kann man nicht gerade auf Amazon starten - es sei denn, man hat eine brillante Idee - z. B. 1 - Euro - Autoputzlappen aus Microfaser, wie ich sie auch nutze, als hypoallergene Abschminktücher im Doppelpack in attraktiver Verpackung für 16 Euro anzubieten. 1 Euro war mein Endkundenpreis - im Einkauf sind diese wahrscheinlich etwas günstiger. Eine brillante Idee!

Als Anfänger mit kleinem Einkaufsbudget bekommt man suboptimale Preise oder schlechte Qualität aus China geliefert. Die Preise der deutschen Anbieter sind i. d. R. so hoch, daß ein Verkauf auf Amazon ausgeschlossen ist; man macht überwiegend Verlust.

Lösung: KfW – Darlehen für Existenzgründer

Um an das Kapital für größere Einkäufe zu gelangen, haben Gründer die Möglichkeit, bei der KfW, der Kreditanstalt für Wiederaufbau, an Existenzgründerdarlehen von 50.000 oder vielleicht 125.000 Euro oder sogar 250.000 Euro zu gelangen. Wenn diese Darlehen auch extrem günstig sind, sie müssen dennoch getilgt werden – und eine Tilgung erfolgt von nachversteuertem Geld. Von dem Gewinn, der nach Einkommensteuer noch übrig bleibt.

Wenn wir uns auf bundesanzeiger.de die Bilanzen von Händlern ansehen, die schon viele Jahre dabei sind, dann zeigt sich, daß diese vor 10 Jahren und mehr mit vielleicht 100.000 Euro Fremdkapital an den Start gingen – und in 2017 z. B. bereits mehr, als 1,2 Millionen Fremdkapital in ihren Bilanzen ausweisen. In der Niedrigzinsphase mag das verkraftbar sein – sowie die Zinsen wieder anziehen, könnte es problematisch werden.

Diejenigen, die so viel Gewinn erzielen, um davon gut leben zu können, das sind diejenigen, die weit mehr Umsatz machen, als der durchschnittliche Amazon-Verkäufer. Um diesen Umsatz machen zu können, muß man sehr viele Produkte auf Amazon verkaufen – und um diese Produkte anschaffen zu können, ist eine entsprechende Menge Eigen- oder Fremdkapital nötig.

Um dieses Kapital zu erlangen, sind hohe Darlehen notwendig – oder man ködert junge, unbedarfte Gründer an und verkauft ihnen das sogenannte Geschäftsmodell "Amazon FBA" in Online-Kursen für 250 bis inzwischen über 8.000 Euro. Wenn man hunderte oder sogar tausende Kurse verkauft, hat, verfügt man über die gewünschten Geldmittel. Mit dem so erlangten Kapital kann man Darlehensfrei die Produkte anschaffen, die es braucht, um auf Amazon erfolgreich zu handeln.

Theoretische Grundlagen der Deckungsbeitragrechnung

Was hier durchgeführt wurde, das sind individuell abgewandelte Deckungsbeitragsrechnungen. Es wurde nicht der geringste Wert auf die Unterscheidung von DB I, II und III gelegt.

Hier wurde von den üblichen Vorlagen in BWL – Büchern abgewichen und eine individuelle, an der Praxis orientierte Version angewendet.

Die klassische, dreistufige Deckungsbeitragsrechnung sieht etwas anders aus und ist – abhängig vom Lehrbuch – mehr oder weniger unverständlich formuliert.

Hier sei zur Vervollständigung die DB – Rechnung exemplarisch aufgeführt.

Deckungsbeitrag

rel. DB = Stückdeckungsbeitrag / Zeiteinheit

Deckungsbeitrag 2 und 3

DB I – produktfixe Kosten = DB II
DB II – bereichsfixe Kosten = DB III

Auf https://www.visualcapitalist.com/breaking – amazon – makes – money/ findet sich eine interessante Darstellung – dahingehend, wieviel Umsatz die Marktplatz – Verkäufer auf Amazon erzielen.

2. Teil – Der Einkaufspreis bei Import aus China & EU

Beispielkalkulationen!

Weiter geht's! Im ersten Kapitel hat der Einkaufspreis die wichtigste Rolle gespielt, denn der Gewinn liegt ja immer noch im Einkauf.

Einkauf in Deutschland?

Der Preis steht auf der Rechnung, mehr gibt es dazu gar nicht zu sagen - das ist fast langweilig.

Einkauf in der EU?

Der Nettopreis steht ebenfalls auf der Rechnung. Wir können das Reverse - Charge - Verfahren anwenden, müssen somit nicht einmal die Einfuhr - Umsatz - Steuer zahlen - Zölle gibt es auch keine mehr - das ist langweilig.

Einkauf im Rest der Welt, speziell China?

Das ist schon interessanter!

Zusätzlich zu dem mit dem Chinesischen Lieferanten ausgehandelten Preis - FOB z. B. - fallen mitunter noch die folgend aufgeführten Kosten an.

Um Frachtkosten richtig berechnen zu können, braucht der Händler einen Überblick über die evtl. anfallenden Kostenpositionen.

Zum Glück bestehen fast alle Transporte aus den gleichen 7 Elementen:

- **Abholung vom Produzenten in China und Transport zum Schiff / zur Bahn / zum Flugzeug**
- **Exportzollabfertigung**
- **Exporthandhabung**
- **Seefracht, Luftfracht, Bahntransport oder der Straßengüterverkehr**
- **Importzollabfertigung**
- **Importhandhabung**
- **Auslieferung**

Die Ware wurde produziert – hier die folgenden Schritte

Zunächst wird die Ware vom Produzenten zum Schiff / zur Bahn / zum Flugzeug berechnet. Hier kommt es auf die Incoterms an – EXW bedeutet: Ex Works, also „Ab Werk". Der Käufer organisiert und zahlt den Transport mit dem LKW zum Ferntransportmittel. Dieser Transport schlägt oftmals mit ca 300 – 600 US-Dollar pro Container zu Buche.

Es folgt der Transport des Containers aus China nach Deutschland oder in die Niederlande zu den genannten Konditionen (Beispiel eines Angebotes aus dem September 2018)

Kosten Container

	20' Cont	40'Cont	40'HQ Cont
Yantian/Shenzhen	925 USD	1625 USD	1700 USD
Ningbo	925 USD	1625 USD	1700 USD
Shanghai	925 USD	1625 USD	1700 USD
Dalian	925 USD	1625 USD	1700 USD
Qingdao	925 USD	1625 USD	1700 USD
Xiamen	925 USD	1625 USD	1700 USD

gültig für POD Hamburg, Rotterdam & Antwerpen

Hafenkosten Hamburg:	€	290,00	je Container
Hafenkosten Rotterdam / Antwerpen:	€	270,00	je Container
Import Verzollung Hamburg:	€	50,00	inkl. 1 Zolltarifnummer
			jede weitere ZTN: € 5,00
Fiskal Verzollung Rotterdam / Antwerpen:	€	120,00	inkl. 1 Zolltarifnummer
			jede weitere ZTN: € 5,00
Nachlauf Hamburg – PLZ	€	300,00	aufwärts
Nachlauf Rotterdam, Antwerpen	€	etwas noch teurer	

Ferner fallen mitunter an:

- Kosten Geldverkehr ca. 3,7%
- Gebühren Treuhand evtl 4 – 8%
- Kosten Inspektion in China ca. 200 – 350 Euro aufwärts – abhängig von der produzierten Menge, vom Anbieter und vom Kontrollniveau.

Kosten Import
(die Angaben in Euro sind Erfahrungswerte, treffen jedoch nicht für jede Lieferung immer der gleichen Höhe zu!)

- Transportkosten Luftfracht / Seefracht / Bahn – Beispiele für die Seefracht sind oben aufgeführt
- Gebühren für Dokumente 30 – 50 Euro
- Zolltarif nach Warengruppen (0 bis ca. 12%)

- Auslagen für den Freight Forwarder – ca. 2,5%. Es handelt sich um eine Kaptalbereitstellungsprovision; eine Vergütung für die Verauslagung von Einfuhrumsatzsteuer und Zöllen. Dies nennt sich auch „Vorlageprovision“.

  Besteht zwischen dem Empfänger der Ware und dem Kurierunternehmen keine vertragliche Vereinbarung und wurde auch keine Verzollungsvollmacht erteilt, besteht kein Anspruch auf Zahlung der Vorlageprovision bzw. Kapitalbereitstellungsprovision.

- 75€ LCL, bzw. LCLSC Service Charges – Hier handelt es sich um Gebühren für die Abfertigung von Stückgut, die von einem Reeder erhoben werden, um bestimmte Kosten bei der Beförderung von Fracht auszugleichen die keine volle Containerladung ausmacht.

  (Less-than-Container-Load Service Charges bzw. LCLSC)[1]

- 55€ Kaiumschlag
  Der direkte Kaiumschlag beinhaltet das Verbringen des Gutes ab Landtransportmittel (LTM) bzw. vom Kailager direkt bis Reling Seeschiff (oder umgekehrt).
  Der indirekte Umschlag beinhaltet das Verbringen des Gutes ab LTM bis Reling Seeschiff, über Kailager (oder umgekehrt). Entgelte für Stauen und Löschen sind gesondert zu vereinbaren.[2]

- 60€ Zollbeschau – Eine Zollbeschau wird stichprobenartig angeordnet, oder weil Zweifel über Richtigkeit der Zollanmeldung bestehen. Wenn es dazu kommt, dann wird der Zollbeamte von einem Mitarbeiter des Frachtführers begleitet.

- 85€ „Lagermitarbeiterbegleitung Zollbeschau

- 20€ Verwahrerwechsel
  Erklärung: **Verwahrerwechsel**

  Um die zollamtliche Überwachung von Nichtunionsware bei der Ankunft im Zollgebiet zu gewährleisten ist für alle Nichtunionswaren nach Ankunft eine summarische Anmeldung abzugeben.

  Die Waren befinden sich dann in der vorübergehenden Verwahrung. Deren Dauer ist auf 90 Tage begrenzt. Die vorübergehende Verwahrung endet mit der Überführung der Waren in ein anderes Zollverfahren bzw. der Wiederausfuhr. Der Verfahrensinhaber haftet für entstehende Einfuhrabgaben wenn die Ware ohne ein anderes Zollverfahren aus der vorübergehenden Verwahrung entfernt wird.

---

[1] https://eur-lex.europa.eu/LexUriServ/LexUriServ.do?uri=OJ:L:2000:268:0001:0034:DE:PDF
[2] http://www.portofrostock.de/daten/agb/bb-dt_umschlag_0107.pdf

Um Nichtunionsware aus der vorübergehenden Verwahrung eines Verfahrensinhabers in den Verantwortungsbereich eines anderen zu überführen (z.B. Hafenumfuhren zwischen verschiedenen Containerterminals oder zu einem anderen Schuppen) gibt es die Möglichkeit des Verwahrerwechsels.

Dabei wird die vorübergehende Verwahrung auf einen neuen Verfahrensinhaber übertragen. Ein Verwahrerwechsel ist nur im eigenen Namen und einem eigenen Zugang zum IT-System ATLAS möglich. [3]

- 15€ GSC – General Surcharge Compensation – „Allgemeiner Zuschlag auf die Seefracht"
- 30€ Import – Handling. Wofür diese Gebühr anfällt, ist ein Geheimnis, dessen Ergründung noch bevorsteht.
- 3,90€ - ATC, bzw. ATCF – Anti Terror Compliance Fee
- 8€ - Atlas-Gebühr
  Mit dem IT-Verfahren ATLAS (Automatisiertes Tarif- und Lokales Zollabwicklungssystem) wird die weitgehend automatisierte Abfertigung und die Überwachung des grenzüberschreitenden Warenverkehrs gewährleistet.[4]

- 90€ Zollabfertigung
- 250 Euro aufwärts - der Transport des Containers ins eigene Lager / zum Fulfillmentdienstleister

Das macht alles zusammen die für Neulinge überraschend auftauchenden Nebenkosten von mehreren hundert Euro aus.

Wenn all diese Kosten durch die Anzahl der eingekauften Produkte dividiert wird, ergibt sich der Einstandspreis pro Stück, der die Berechnungsgrundlage für die Kalkulation im ersten Kapitel bildet.

---

[3] https://wzc-zoll.de/glossary/verwahrerwechsel/
[4] https://www.zoll.de/DE/Fachthemen/Zoelle/ATLAS/atlas_node.html

Es gibt noch eine weitere Reihe möglicher Gebühren, die beim Import von Ware auftreten können. Hier wurden nur die genannt, die in den Rechnungen der Mandanten bisher aufgetaucht sind. Der Vollständigkeit halber sei hier der Link zu einer umfassenden Auflistung angefügt. [5]

---

5 https://www.zollseminare.de/content/media/INFOCENTER/Abkuerzungen_Frachtnebenkosten_See.pdf

3. Teil – Muster – Jahresabschluss!

Welche Kosten für den Verkauf sind im Laufe des Jahres angefallen, welche Fixkosten fallen an und welche Einnahmen stehen dem entgegen?

Hier sehen wir die 2017er Kostenseite der Buchhaltung eines Amazon – Händlers, der in 2016 angefangen hat. Der Gründer ist engagiert, hat einige Kurse gebucht, sich in die Optimierung eingedacht und Hilfe in Anspruch genommen, wo nötig.

So wurde ein Produktfotograf beauftragt und auch die Texterstellung für die Artikelseiten auf Amazon wurde in dritte Hände gegeben.

Die Produkte kamen entgegen der Vereinbarung nicht optimal verpackt zu ihm, sondern mussten neu verpackt werden – was viel Arbeit gemacht hat – und alleine in 2017 zusätzlich über 4.000 Euro an Verpackungsmaterial kostete.

Darüber hinaus wurden keinerlei Kfz – Kosten geltend gemacht. 50% der Telefonkosten waren privat und 50% wurden betrieblich eingebracht. Im angemieteten Büro wäre die zusätzliche Leitung zu teuer geworden, weil es für Telefonate keine Flatrate gab. Ein Internetzugang war vorhanden.

Und die Einnahmesituation?

Hier wurden nicht die Zahlen aus der originalen Buchhaltung eingebracht, sondern die Zahlen unseres durchschnittlichen Amazon – Verkäufers. Er hat im gesamten Jahr 5.052 Artikel zu je 19,34 Euro verkauft – das ergibt einen Umsatz von 97.210,80 Euro (brutto).

Davon waren 15% des Bruttopreises für Verkaufsprovision an Amazon fällig. Ferner wurden die Versandkosten mit durchschnittlich 3,35 Euro je Artikel geschätzt. Das sind pro Monat 421 Pakete. Es gab durchschnittlich 20 Retouren, für die der Rückversand gezahlt wurde und 20 Mal wurden die Retouren – Prüf – und Wiedereinräumegebühren von Amazon gezahlt.

Einnahme – Überschuß – Rechnung 2017

Bereich	Konto	EUR
A. Betriebseinnahmen		
Umsatzerlöse		
	08400 Erlöse 19 % Umsatzsteuer	81.681,12 €
Erlöse aus Anlagenverkäufen		
sonstige Erlöse		0,00
Eigenverbrauch		0,00
Zinserträge		0,00
neutrale Erträge		0,00
vereinnahmte Umsatzsteuer		
	01774 Umsatzsteuer aus EG – Erwerb 19 %	2.860,44 €
	01776 Umsatzsteuer 19 %	15.519,36 €
	01787 Umsatzsteuer nach § 13b UStG 19 %	5.935,93 €
Umsatzsteuererstattungen		
A. Betriebseinnahmen		**105.996,85 €**
B. Betriebsausgaben		
Wareneinsatz und Fremdleistungen		
	03106 Fremdleistungen 19% Vorsteuer	– 900,00 €
	03123 Sonstige Leistungen §13b 19 % Vorsteuer und 19 % Umsatzsteuer	– 29.880,84 €
	03400 Wareneingang – 19 % Vorsteuer	– 1.194,18 €
	03425 EG – Erwerb 19 % Vorsteuer und 19 % Umsatzsteuer	– 15.054,96 €
Personalkosten		
	04138 Beiträge zur Berufsgenossenschaft	– 60,00 €

Abschreibungen		
	04855 Sofortabschreibung GWG	– 1.020,50 €
sonstige betriebliche Aufwendungen		
Raumkosten		
	04200 Raumkosten	– 1.373,76 €
	04240 Gas, Strom, Wasser	– 648,00 €
Steuern, Versicherungen und Beiträge		
	04360 Versicherungen	– 367,75 €
Kraftfahrzeugkosten		
Werbe – und Reisekosten		
	04600 Werbekosten	*– 3.295,73 €*
	04601 Websites für Amazon FBA – Webhosting usw	– 1.845,61 €
	04602 Amazon Marketing Services – Werbung	– 649,57 €
	04603 Amazon Headline Search Ads	– 740,67 €
	04670 Reisekosten Unternehmer	– 149,86 €
	04673 Reisekosten Unternehmer, Fahrtkosten	– 662,45 €
	04676 RK UN Übernachtung u. Reisenebenkosten	– 306,87 €
Kosten der Warenabgabe		
	04710 Verpackungsmaterial	*– 4.399,92 €*
Instandhaltung und Werkzeuge		
	04806 Wartungskosten für Hard – und Software	– 173,02 €
Fachzeitschriften. Bücher		
	04940 Zeitschriften, Bücher (Fachliteratur)	– 3,74 €
Mieten für Einrichtungen		

	04964 Aufwendungen für Lizenzen, Konzessionen	*– 1.179,87 €*
Rechts – und Beratungskosten		
	04950 Rechts – und Beratungskosten	*– 702,52 €*
	04955 Buchführungskoste	*– 2.230,00 €*
	04957 Abschluss – und Prüfungskosten	*– 1.304,71 €*
Bürobedarf. Porto. Telefon		
	04910 Porto	– 250,99 €
	04920 Telefon	– 201,60 €
	04921 Mobilfunk D1	– 201,60 €
sonstige Aufwendungen		
	04900 Sonstige betrieblich Aufwendungen	– 388,64 €
	04901 Marktplatzanalyse Seller – Programm	– 348,00 €
	04945 Fortbildungskosten	*– 2.115,84 €*
	04970 Kosten des Geldverkehrs	– 60,00 €
sonstige betriebliche Aufwendungen		**– 23.600,72 €**
Zinsaufwendungen		– 0,00
neutrale Aufwendungen		– 0,00
betriebliche Steuern		– 0,00
verauslagte Vorsteuern		
	01571 Abziehbare Vorsteuer 7 %	– 11,97 €
	01574 Abziehbare VorSt aus EG – Erwerb 19 %	– 2.860,44 €
	01576 Abziehbare Vorsteuer 19 %	– 4.480,51 €
	01577 Abziehbare Vorsteuer § 13b UStG 19 %	– 5.935,93 €
Buchwert Anlagenabgänge		
Umsatzsteuervorauszahlungen		

	01780 Umsatzsteuer – Vorauszahlungen	– 11.026,00 €
Umsatzsteuer Vorjahre		– 0,00
B. Betriebsausgaben		**– 96.026,05 €**
Jahresüberschuss		**9.970,80**

Einige Konten sehen interessant aus und müssen aufgeklärt werden.

- Wie kommen fast 30.000 Euro auf dem Konto 3123 zusammen?
- Die Konten 1774 und 1787 – wenn wir von Amazon die Rechnungen über Versandgebühren und Verkaufsgebühren bekommen, wenn wir aus dem iG – Gebiet Ware einkaufen, dann sind diese Reverse – Charge-Buchungen fällig.

  Die Einfuhr – Umsatzsteuer muß nicht gezahlt werden und braucht mit der nächsten USt – Voranmeldung nicht als Vorsteuer geltend gemacht werden – unter der Voraussetzung, daß diese Steuern korrekt gebucht wurden und in der Voranmeldung richtig ausgewiesen werden. Die fiktive Umsatzsteuer landet auf den o. g. Konten.
  Die fiktive Vorsteuer landet dementsprechend auf den Konten 1574 und 1577. ***Et voilà!***

- Was hier fehlt, das sind die Kosten für den Grünen Punkt, denn sie wurden schlicht nicht gezahlt. Ab 2019 gibt es ein öffentlich einsehbares Register – und wer nicht registriert ist, der wird sicher von einem Mitbewerber und seinem Rechtsanwalt kostenpflichtig daran erinnert. Hier fehlen also streng genommen noch rund 250 Euro in der Aufstellung.

- Folgende Konten sind noch ganz interessant – 3105 & 4600, 4964, 4950, 4955 & 4957.

Diese und einige andere Konten wollen wir uns zusammen ansehen. Wie vorab schon erwähnt – hier handelt es sich um eine "echte" Buchhaltung. Die Realität sieht immer etwas anders aus, als die Planung.

Die Kontenübersicht zum Jahresabschluß

Konto: 0480 GWG – geringwertige Wirtschaftsgüter

Beleg – datum	Beleg – nummer	Buchungstext	Gegen-konto	Betrag Soll EUR	Betrag Haben EUR
03.01.2017	1	S..... Tablet S3	1370	470,25 €	
10.01.2017	23	Amazon Headset für Tablet	1370	3,61 €	
10.01.2017	24	Case für Tablet S3	1370	68,49 €	
28.02.2017	106	Notebook X240 Leasingrückl gebr 256 GB SSD 16GB RAM IPS BT WWAN	1370	478,15 €	
31.12.2017	235	AfA GWG 2017	4855		1.020,50 €
Summe				**1.020,50 €**	**1.020,50 €**

Es wurden ein Tablet und ein gebauchtes Notebook angeschafft.

Bei geringen Anschaffungskosten eines Wirtschaftsgutes bis 800 Euro dürfen diese Güter den Gewinn sofort mindern, noch im Jahr der Anschaffung – jedoch ist es notwendig, dieses Anlagevermögen erst auf einem Konto zu erfassen – und danach abzuschreiben.

Abschreiben – das bedeutet: in die Kosten einbuchen.

Zum Verständnis: Auch ein Bürogebäude, das 1 Mio. Euro in der Anschaffung kostet, darf den Gewinn mindern – aber nicht zu 100% im Jahr der Anschaffung. Das Gebäude wird rund 30 Jahre genutzt. Daher werden die Anschaffungskosten durch 360 Monate geteilt – und pro Monat der Geschäftstätigkeit dürfen nur 1/360stel der Anschaffungskosten den Gewinn mindern.
So ist es eigentlich auch bei einem Computer für 360 Euro. Jedoch wird der nur 3 Jahre, also 36 Monate, abgeschrieben.

ABER – wenn es sich um ein GWG, um ein geringwertiges Wirtschaftsgut handelt, das nicht mehr, als 800 Euro gekostet hat, UND es eigenständig nutzbar ist, dann darf es im Jahr der Anschaffung zu 100% den Gewinn mindern.

Beispiel:

Ein Drucker ist NICHT selbständig nutzbar – also KEIN GWG.

Ein Notebook ist selbständig nutzbar – dabei handelt es sich um ein GWG.

Konto: 3106 Fremdleistungen – 19% Vorsteuer

Beleg – datum	Beleg – nummer	Buchungstext	Gegen – konto	Betrag Soll EUR	Betrag Haben EUR
05.01.2017	61	Sekretariats-dienstleistung	1370	75,00 €	
02.02.2017	62	Sekretariats-dienstleistung	1370	75,00 €	
05.03.2017	63	Sekretariats-dienstleistung	1370	75,00 €	
05.04.2017	64	Sekretariats-dienstleistung	1370	75,00 €	
05.05.2017	65	Sekretariats-dienstleistung	1370	75,00 €	
05.06.2017	66	Sekretariats-dienstleistung	1370	75,00 €	
05.07.2017	67	Sekretariats-dienstleistung	1370	75,00 €	
05.08.2017	68	Sekretariats-dienstleistung	1370	75,00 €	
05.09.2017	69	Sekretariats-dienstleistung	1370	75,00 €	
05.10.2017	70	Sekretariats-dienstleistung	1370	75,00 €	
05.11.2017	71	Sekretariats-dienstleistung	1370	75,00 €	
05.12.2017	72	Sekretariats-dienstleistung	1370	75,00 €	
Summe				**900,00 €**	**0,00 €**

Der Gründer hatte in einem Starter – Center ein kleines Büro angemietet, da er in der Wohnung nicht arbeiten konnte. Inkludiert und nicht abwählbar waren die Sekretariatsdienstleistungen.

Diese Kosten hätte man natürlich auch auf einem anderen Konto in der 4er – Klasse erfassen können.

Konto: 3123 – iG Erwerb sonstige Leistungen

19% Vorsteuer & 19% Umsatzsteuer

Beleg – datum	Beleg – nummer	Buchungstext	Gegen – konto	Betrag Soll EUR	Betrag Haben EUR
20.01.2017	185	Amazon Versandgebühr 20 x Einräumegebühr	1370	39,00	
30.01.2017	197	Amazon Werbung & Headline Search Ads – 9.700 p. a.	1370	961,92	
31.01.2017	210	Amazon Versandgebühr Pakete 421 Stück p. M.	1370	1.410,35	
31.01.2017	210	Amazon Versandgebühr 20 Retouren p. M.	1370	67,00	
31.01.2017	210	Amazon Versandgebühr 20 x Einräumegebühr	1370	11,80	
20.02.2017	186	Amazon Grundgebühr	1370	39,00	
28.02.2017	198	Amazon Werbung & Headline Search Ads – 9.700 p. a.	1370	961,92	
28.02.2017	211	Amazon Versandgebühr Pakete 421 Stück p. M.	1370	1.410,35	
28.02.2017	211	Amazon Versandgebühr 20 Retouren p. M.	1370	67,00	
28.02.2017	211	Amazon Versandgebühr 20 x Einräumegebühr	1370	11,80	
20.03.2017	187	Amazon Grundgebühr	1370	39,00	
31.03.2017	199	Amazon Werbung & Headline Search Ads – 9.700 p. a.	1370	961,92	

31.03.2017	212	Amazon Versandgebühr Pakete 421 Stück p. M.	1370	1.410,35	
31.03.2017	212	Amazon Versandgebühr 20 Retouren p. M.	1370	67,00	
31.03.2017	212	Amazon Versandgebühr 20 x Einräumegebühr	1370	11,80	
20.04.2017	188	Amazon Grundgebühr	1370	39,00	
30.04.2017	200	Amazon Werbung & Headline Search Ads – 9.700 p. a.	1370	961,92	
30.04.2017	213	Amazon Versandgebühr Pakete 421 Stück p. M.	1370	1.410,35	
30.04.2017	213	Amazon Versandgebühr 20 Retouren p. M.	1370	67,00	
30.04.2017	213	Amazon Versandgebühr 20 x Einräumegebühr	1370	11,80	
20.05.2017	189	Amazon Grundgebühr	1370	39,00	
31.05.2017	201	Amazon Werbung & Headline Search Ads – 9.700 p. a.	1370	961,92	
31.05.2017	214	Amazon Versandgebühr Pakete 421 Stück p. M.	1370	1.410,35	
31.05.2017	214	Amazon Versandgebühr 20 Retouren p. M.	1370	67,00	
31.05.2017	214	Amazon Versandgebühr 20 x Einräumegebühr	1370	11,80	
20.06.2017	190	Amazon Grundgebühr	1370	39,00	
30.06.2017	202	Amazon Werbung & Headline Search Ads – 9.700 p. a.	1370	961,92	

30.06.2017	215	Amazon Versandgebühr Pakete 421 Stück p. M.	1370	1.410,35	
30.06.2017	215	Amazon Versandgebühr 20 Retouren p. M.	1370	67,00	
30.06.2017	215	Amazon Versandgebühr 20 x Einräumegebühr	1370	11,80	
20.07.2017	191	Amazon Grundgebühr	1370	39,00	
31.07.2017	203	Amazon Werbung & Headline Search Ads – 9.700 p. a.	1370	961,92	
31.07.2017	216	Amazon Versandgebühr Pakete 421 Stück p. M.	1370	1.410,35	
31.07.2017	216	Amazon Versandgebühr 20 Retouren p. M.	1370	67,00	
31.07.2017	216	Amazon Versandgebühr 20 x Einräumegebühr	1370	11,80	
20.08.2017	192	Amazon Grundgebühr	1370	39,00	
30.08.2017	204	Amazon Werbung & Headline Search Ads – 9.700 p. a.	1370	961,92	
30.08.2017	217	Amazon Versandgebühr Pakete 421 Stück p. M.	1370	1.410,35	
30.08.2017	217	Amazon Versandgebühr 20 Retouren p. M.	1370	67,00	
30.08.2017	217	Amazon Versandgebühr 20 x Einräumegebühr	1370	11,80	
20.09.2017	193	Amazon Grundgebühr	1370	39,00	
30.09.2017	205	Amazon Werbung & Headline Search Ads – 9.700 p. a.	1370	961,92	

30.09.2017	218	Amazon Versandgebühr Pakete 421 Stück p. M.	1370	1.410,35	
30.09.2017	218	Amazon Versandgebühr 20 Retouren p. M.	1370	67,00	
30.09.2017	218	Amazon Versandgebühr 20 x Einräumegebühr	1370	11,80	
20.10.2017	194	Amazon Grundgebühr	1370	39,00	
31.10.2017	206	Amazon Werbung & Headline Search Ads – 9.700 p. a.	1370	961,92	
31.10.2017	219	Amazon Versandgebühr Pakete 421 Stück p. M.	1370	1.410,35	
31.10.2017	219	Amazon Versandgebühr 20 Retouren p. M.	1370	67,00	
31.10.2017	219	Amazon Versandgebühr 20 x Einräumegebühr	1370	11,80	
20.11.2017	195	Amazon Grundgebühr	1370	39,00	
30.11.2017	207	Amazon Werbung & Headline Search Ads – 9.700 p. a.	1370	961,92	
30.11.2017	220	Amazon Versandgebühr Pakete 421 Stück p. M.	1370	1.410,35	
30.11.2017	220	Amazon Versandgebühr 20 Retouren p. M.	1370	67,00	
30.11.2017	220	Amazon Versandgebühr 20 x Einräumegebühr	1370	11,80	
20.12.2017	196	Amazon Grundgebühr	1370	39,00	
31.12.2017	208	Amazon Werbung & Headline Search Ads – 9.700 p. a.	1370	961,92	

31.12.2017	209	Amazon Versandgebühr Pakete 421 Stück p. M.	1370	1.410,35	
31.12.2017	209	Amazon Versandgebühr 20 Retouren p. M.	1370	67,00	
31.12.2017	209	Amazon Versandgebühr 20 x Einräumegebühr	1370	11,80	
Summe				**29.880,84**	**0,00**

Hier sind bereits alle interessanten Kosten eingebucht – die Versandkosten, die Verkaufsprovisionen, die Lagergebühren und die Werbekosten.

Da die 10% Werbekosten, mit denen in den Vorlagen kalkuliert wird, überschritten wurden, habe ich mich entschieden, für diese Übersicht hier genau 10% einzubuchen und auf weitern Kostenkonten (folgen später) die restlichen Kosten auf einem andren Konto zu erfassen.

Hier wurden, wie gesagt, die Erträge eines durchschnittlichen Händlers mit den anfallenden Kosten durch Amazon und 10% Werbung genau erfasst.

Diese Buchhaltung wurde mit den echten Kosten eines Mandanten gemischt – der Mandant hatte weniger, als die durchschnittlichen 97.000 Euro Umsatz p. a. brutto erzielt.

Bei 97.000Euro Umsatz brutto (das sind ca. 82.000 Euro netto) und vorgegebenen durchschnittlichen Versandkosten sowie 10% PPC fallen somit netto rund 30.000 Euro Kosten über Amazon an.

Rechnen wir:

82.000 ./. 30.000 = 52.000 Euro. Davon müssen die Produkte gekauft und sämtliche Kosten beglichen werden. Was übrig bleibt, ist der Gewinn – oder der Verlust aus der Geschäftstätigkeit.

Konto: 3400 Wareneingang – 19% Vorsteuer

Beleg – datum	Beleg – nummer	Buchungstext	Gegen – konto	Betrag Soll EUR	Betrag Haben EUR
20.01.2017	160	Aufkleber für Pakete / Produkte	1370	1.194,18	
		Jahressumme			
Summe				**1.194,18**	**0,00**

Neben den Kosten für die Produkte, die aus Österreich gekauft wurden, sind noch weitere Kosten für zusätzliches Verpackungsmaterial angefallen. Um die eigene Marke etwas bekannter zu machen, um neben Amazon wahrgenommen zu werden, wurden Produktaufkleber erstellt.

Das zusätzliche Verpackungsmaterial wurde notwendig, da die Produkte den Falltest bei Amazon nicht bestanden hatten. Die Produkte wurden nicht so verpackt geliefert, wie es zunächst vereinbart war.

Alleine für die Aufkleber sind zusätzlich rund 1.200 Euro angefallen – Real Life.

Konto: 3425 EG – Erwerb 19 % Vorsteuer und 19 % Umsatzsteuer

Beleg – datum	Beleg – nummer	Buchungstext	Gegen – konto	Betrag Soll EUR
10.01.2017	236	Einkauf aus Österreich	1370	7.527,48
10.07.2017	237	Einkauf aus Österreich	1370	7.527,48
Summe				**15.054,96**

Hier sind die für rund 100.000 Euro Umsatz zugehörigen Kosten für die eingekauften Produkte gebucht worden. Die Einstandskosten betrugen in diesem Beispiel netto ca. 15% des Brutto – Verkaufspreises.

In diesem Beispiel ist demnach natürlich der Warenbestand am 31.12. des Jahres gleich NULL, da alle Waren verkauft wurden.

Konto: 4200 Raumkosten

Beleg – datum	Beleg – nummer	Buchungstext	Gegen – konto	Betrag Soll EUR	Betrag Haben EUR
05.01.2017	61	Büromiete 21,6 qm	1370	114,48	
02.02.2017	62	Büromiete 21,6 qm	1370	114,48	
05.03.2017	63	Büromiete 21,6 qm	1370	114,48	
05.04.2017	64	Büromiete 21,6 qm	1370	114,48	
05.05.2017	65	Büromiete 21,6 qm	1370	114,48	
05.06.2017	66	Büromiete 21,6 qm	1370	114,48	
05.07.2017	67	Büromiete 21,6 qm	1370	114,48	
05.08.2017	68	Büromiete 21,6 qm	1370	114,48	
05.09.2017	69	Büromiete 21,6 qm	1370	114,48	
05.10.2017	70	Büromiete 21,6 qm	1370	114,48	
05.11.2017	71	Büromiete 21,6 qm	1370	114,48	
05.12.2017	72	Büromiete 21,6 qm	1370	114,48	
Summe				**1.373,76**	**0,00**

Selbsterklärend – diese Kosten könnte man sich natürlich sparen, wenn die Möglichkeit besteht, in der eigenen Wohnung ungestört zu arbeiten.

Konto: 4240 Nebenkosten

Beleg – datum	Beleg – nummer	Buchungstext	Gegen – konto	Betrag Soll EUR	Betrag Haben EUR
05.01.2017	61	Betriebskosten – pauschale Büro	1370	54,00	
02.02.2017	62	Betriebskosten – pauschale Büro	1370	54,00	
05.03.2017	63	Betriebskosten – pauschale Büro	1370	54,00	
05.04.2017	64	Betriebskosten – pauschale Büro	1370	54,00	
05.05.2017	65	Betriebskosten – pauschale Büro	1370	54,00	
05.06.2017	66	Betriebskosten – pauschale Büro	1370	54,00	
05.07.2017	67	Betriebskosten – pauschale Büro	1370	54,00	
05.08.2017	68	Betriebskosten – pauschale Büro	1370	54,00	
05.09.2017	69	Betriebskosten – pauschale Büro	1370	54,00	
05.10.2017	70	Betriebskosten – pauschale Büro	1370	54,00	
05.11.2017	71	Betriebskosten – pauschale Büro	1370	54,00	
05.12.2017	72	Betriebskosten – pauschale Büro	1370	54,00	
Summe				**648,00**	**0,00**

Selbsterklärend. Eine geringe Nachzahlung oder Erstattung ist nicht gebucht worden, da diese erst im Folgejahr gezahlt wird.

Bei einer Bilanzierung müßte man diese Kosten natürlich in tatsächlicher Höhe, oder zumindest kaufmännisch vernünftig geschätzt, mit einbringen.

Konto: 4360 Versicherungen

Beleg – datum	Beleg – nummer	Buchungstext	Gegen – konto	Betrag Soll EUR	Betrag Haben EUR
04.03.2017	13	Produkthaftpflicht – versicherung	1370	367,75	
		incl. Betriebs – HV			
Summe				**367,75**	**0,00**

Hieran sollte man nicht sparen. Die Provision hängt natürlich von den Produkten ab – Versicherungen beginnen ab 208 Euro (März 2019).

Konto: 4600 Werbekosten – 19% Vorsteuer

Beleg - datum	Beleg - nr.	Buchungstext	Gegen - konto	Betrag Soll EUR	Betrag Haben EUR
03.01.2017	74	Klick – Tipp Standard einmalige Zahlung	1370	245,64	
05.01.2017	251	Produktfotos & Photoshop, Texterstell. Keyworderstellung & SEO – Optimierung	1370	1.873,95	
15.01.2017	75	Mail – Marketing mtl.	1370	27,00	
16.01.2017	137	Telefonberatung f. Online – Marketer	1370	15,97	
15.02.2017	77	Klick – Tipp Mail – Marketing mtl.	1370	27,00	
16.02.2017	138	Telefonberatung f. Online – Marketer	1370	15,97	
15.03.2017	78	Klick – Tipp Mail – Marketing mtl.	1370	27,00	
16.03.2017	139	Telefonberatung f. Online – Marketer	1370	15,97	
15.04.2017	79	Klick – Tipp Mail – Marketing mtl.	1370	27,00	
16.04.2017	140	Telefonberatung f. Online – Marketer	1370	15,97	
15.05.2017	80	Klick – Tipp Mail – Marketing mtl.	1370	27,00	
16.05.2017	141	Telefonberatung f. Online – Marketer	1370	15,97	
30.05.2017	4	Logo – Erstellung Online – Anbieter	1370	44,91	
15.06.2017	81	Klick – Tipp Mail – Marketing mtl.	1370	27,00	
16.06.2017	142	Telefonberatung f. Online – Marketer	1370	15,97	
02.07.2017	151	Smoveo Premium 1. Zahlg	1370	180,96	

15.07.2017	82	Klick – Tipp Mail – Marketing mtl.	1370	27,00	
16.07.2017	143	Telefonberatung f. Online – Marketer	1370	15,97	
15.08.2017	83	Klick – Tipp Mail – Marketing mtl.	1370	27,00	
16.08.2017	144	Telefonberatung f. Online – Marketer	1370	15,97	
15.09.2017	84	Klick – Tipp Mail – Marketing mtl.	1370	27,00	
16.09.2017	145	Telefonberatung f. Online – Marketer	1370	15,97	
28.09.2017	89	AMZ Verkaufsanalyse – Prog für Amazon	1370	55,00	
29.09.2017	98	Verkaufsförderung / Werbung	1370	55,00	
15.10.2017	76	Klick – Tipp Mail – Marketing mtl.	1370	27,00	
16.10.2017	146	Telefonberatung f. Online – Marketer	1370	15,97	
19.10.2017	100	Stars	1370	55,00	
28.10.2017	90	Verkaufsanalyse – Prog für Amazon	1370	55,00	
15.11.2017	85	Klick – Tipp Mail – Marketing mtl.	1370	27,00	
16.11.2017	147	Telefonberatung f. Online – Marketer	1370	15,97	
19.11.2017	101	Verkaufsanalyse – Prog für Amazon	1370	55,00	
22.11.2017	150	Udemy Diverse Kurse	1370	75,63	
25.11.2017	149	Anleitung f Online – Marketer	1370	29,00	
28.11.2017	91	Verkaufsanalyse – Prog für Amazon GEKÜNDIGT	1370	55,00	
15.12.2017	86	Klick – Tipp Mail – Marketing mtl.	1370	27,00	
16.12.2017	148	Telefonberatung f. Online – Marketer	1370	15,97	
Summe				**3.295,73**	**0,00**

Konto: 4602 Amazon Marketing Serivce AMS – Werbung

Beleg – datum	**Beleg – nummer**	**Buchungstext**	**Gegen – konto**	**Betrag Soll EUR**	**Betrag Haben EUR**
18.04.2017	92	Marketing Firma Test – Reviews	1370	70,00	
03.05.2017	93	??? – DIY – Artikel für Promo	1370	75,92	
21.05.2017	94	Launch – Service	1370	55,00	
30.06.2017	95	Amazon Marketing Services incl. USt	1370	135,44	
31.07.2017	96	Amazon Marketing Services Werbekosten incl. USt	1370	124,65	
30.09.2017	99	Amazon Marketing Services Werbekosten incl. USt	1370	188,56	
Summe				**649,57**	**0,00**

Konto: 4603 Amazon Headline Search Ads

Beleg – datum	Beleg – nummer	Buchungstext	Gegen – konto	Betrag Soll EUR	Betrag Haben EUR
08.08.2017	97	Amazon Headline Search Ads	1370	389,85	
03.11.2017	102	Amazon Headline Search Ads	1370	350,82	
Summe				**740,67**	**0,00**

Hier die weiteren Kosten für Werbung, die über die 10% – Marke hinaus entstanden sind.

Konto: 4710 – Verpackungsmaterial

Beleg – datum	Beleg – nummer	Buchungstext	Gegen – konto	Betrag Soll EUR	Betrag Haben EUR
02.02.2017	239	Verpackungsmaterial Polsterfolie Pakete Klebeband – für Nachverpackung	1370	4.399,92	
Summe				**4.399,92**	**0,00**

Wie bereits erwähnt, hatte der Lieferant entgegen seiner Zusicherung die Produkte in nicht geeigneter Verpackung geliefert, sodaß der Falltest nicht bestanden wurde. Daher war nachzuverpacken. Real Life.

Konto: 4855 Sofort – AfA GWG

Beleg – datum	Beleg – nummer	Buchungstext	Gegen – konto	Betrag Soll EUR	Betrag Haben EUR
31.12.2017	235	AfA GWG 2017	480	1.020,50	
Summe				1.020,50	0,00

Durch diese Buchung werden die GWGs in die Kosten eingebracht.

Konto: 4901 Marketplace Analyse – Tool

Beleg – datum	Beleg – nummer	Buchungstext	Gegen-konto	Betrag Soll EUR	Betrag Haben EUR
04.01.2017	107	Marktplatzanalyse Seller – Prog Explorer – Paket	1370	29,00	
04.02.2017	108	Marktplatzanalyse Seller – Prog Explorer – Paket	1370	29,00	
04.03.2017	109	Marktplatzanalyse Seller – Prog Explorer – Paket	1370	29,00	
04.04.2017	110	Marktplatzanalyse Seller – Prog Explorer – Paket	1370	29,00	
04.05.2017	111	Marktplatzanalyse Seller – Prog Explorer – Paket	1370	29,00	
04.06.2017	112	Marktplatzanalyse Seller – Prog Explorer – Paket	1370	29,00	
04.07.2017	113	Marktplatzanalyse Seller – Prog Explorer – Paket	1370	29,00	
04.08.2017	114	Marktplatzanalyse Seller – Prog Explorer – Paket	1370	29,00	
04.09.2017	115	Marktplatzanalyse Seller – Prog Explorer – Paket	1370	29,00	
04.10.2017	116	Marktplatzanalyse Seller – Prog Explorer – Paket	1370	29,00	
04.11.2017	117	Marktplatzanalyse Seller – Prog Explorer – Paket	1370	29,00	

04.12.2017	118	Marktplatzanalyse Seller – Prog Explorer – Paket	1370	29,00	
Summe				**348,00**	**0,00**

Hier eines der nützlichen, hilfreichen Tools – das aber die Kosten für den Händler in die Höhe treibt.

Konto: 4945 Fortbildungskosten

Beleg – datum	Beleg – nummer	Buchungstext	Gegen – konto	Betrag Soll EUR	Betrag Haben EUR
03.01.2017	27	InfoSystem für Online Verkäufer 01	1370	100,00	
03.02.2017	28	DigiStore InfoSystem für Online-– Verkäufer	1370	100,00	
03.02.2017	56	Online - Praxis Kurs	1370	12,60	
03.02.2017	57	Udemy Online – Kurs Marketing	1370	9,24	
03.03.2017	29	DigiStore InfoSystem für Online – Verkäufer	1370	100,00	
03.04.2017	30	InfoSystem für Online - Verkäufer	1370	100,00	
03.05.2017	31	DigiStore InfoSystem für Online – Verkäufer	1370	100,00	
03.05.2017	73	Reich mit Amazon - Kurs mit geheimer Fb - Gruppe - Schweiz, RC	1370	747,00	
03.06.2017	32	DigiStore InfoSystem für Online – Verkäufer	1370	100,00	
03.07.2017	33	DigiStore InfoSystem 07	1370	100,00	
03.08.2017	34	DigiStore InfoSystem	1370	100,00	
15.08.2017	60	DigiStore xx – Butler	1370	147,00	
03.09.2017	35	DigiStore InfoSystem	1370	100,00	
03.10.2017	36	DigiStore InfoSystem für Online – Verkäufer	1370	100,00	
03.11.2017	37	DigiStore InfoSystem	1370	100,00	
02.12.2017	38	DigiStore InfoSystem	1370	100,00	
Summe				**2.115,84**	**0,00**

Wer auf Amazon seine Ware vertreibt und eigentlich fachfremd ist, der benötigt Unterstützung.

Konto: 4950 Rechts – und Beratungskosten

Beleg – datum	Beleg – nummer	Buchungstext	Gegen - konto	Betrag Soll EUR	Betrag Haben EUR
01.02.2017	121	RA Markenregistrierung	1370	396,64	
20.09.2017	122	RA Markenregistrierung - abgewiesen	1370	305,88	
Summe				**702,52**	**0,00**

Die zweite Markenregistrierung war trotz anwaltlicher Unterstützung nicht erfolgreich.

Und auch diese Kosten muß man ohne Wenn und Aber mit einrechnen – wenn man sie kalkulatorisch über mehrere Jahre verteilen kann.

Wer diese und alle anderen Kosten nicht einkalkuliert, wird einen Verlust beim Jahresabschluß ausweisen und die Welt nicht verstehen – denn lt. dem eigenen Plan hatte man ja mit einem hohen passiven Einkommen gerechnet.

Konto: 4955 Buchführungskosten

Beleg – datum	Beleg – nummer	Buchungstext	Gegen - konto	Betrag Soll EUR	Betrag Haben EUR
20.01.2017	39	StB Lfd. Bf Monat & USt – VA 01/17	1370	170,00	
20.02.2017	40	StB Lfd. Bf Monat & USt – VA	1370	170,00	
20.03.2017	41	StB Lfd. Bf Monat & USt – VA	1370	170,00	
20.04.2017	42	StB Lfd. Bf Monat & USt – VA	1370	170,00	
20.05.2017	43	StB Lfd. Bf Monat & USt – VA	1370	170,00	
10.06.2017	58	Billing – Prog für Amazon	1370	190,00	
20.06.2017	44	StB Lfd. Bf Monat & USt – VA	1370	170,00	
20.07.2017	45	StB Lfd. Bf Monat & USt – VA	1370	170,00	
20.08.2017	46	StB Lfd. Bf Monat & USt – VA	1370	170,00	
20.09.2017	47	StB Lfd. Bf Monat & USt – VA	1370	170,00	
20.10.2017	48	StB Lfd. Bf Monat & USt – VA	1370	170,00	
20.11.2017	49	StB Lfd. Bf Monat & USt – VA	1370	170,00	
20.12.2017	50	StB Lfd. Bf Monat & USt – VA12	1370	170,00	
Summe				**2.230,00**	**0,00**

Hier einer der Punkte, die Gründer gerne ausblenden und oder denken, daran könnten Sie jetzt auch noch sparen. Ein Steuerberater hält auch seine schützende Hand über den Steuerpflichtigen. Er sorgt dafür, daß eine Belegsammlung im Schuhkarton gar nicht erst entsteht und sämtliche Voranmeldungen und Erklärungen rechtzeitig erstellt werden.

Die USt – Voranmeldungen, die unerfahrene Gründer selber erstellen, sind i. d. R. alle falsch – gerade auch, weil Reverse – Charge – Buchungen anfallen. Denn Amazon hat seinen Europa – Unternehmenssitz, wie bereits zuvor erwähnt, in Luxemburg

Konto: 4957 – Abschluss – und Prüfungskosten

Beleg – datum	Beleg – nr.	Buchungstext	Gegen-konto	Betrag Soll EUR	Betrag Haben EUR
23.05.2017	51	USt – Jahreserklärung Vorjahr	1370	240,00	
23.05.2017	52	GewStE Vorjahr	1370	123,53	
23.05.2017	53	Jahresabschlussarbeiten Vorjahr	1370	941,18	
Summe				**1.304,71**	**0,00**

Hier sehen wir die nächste Überraschung – neben den monatlichen Kosten für die Buchhaltung fallen zusätzlich auch noch die Kosten für den Jahresabschluß an.

Die Umsatzsteuer – Jahreserklärung muß erstellt werden und ebenso die Gewerbesteuererklärung.

in 2017 wurde der 2016er Jahresabschluß erstellt. Da wir keine Bilanz erstellen, sondern eine EÜR, eine Einnahmen – Überschuß – Rechnung, werden die Kosten dann gebucht, wenn die Rechnungen bezahlt werden.

Daher wurde der Abschluß 2016 in 2017 bezahlt und auch in die Kosten eingebucht.

.

Konto: 4964 – Aufwendungen für Lizenzen & Konzessionen

Beleg – datum	**Beleg – nummer**	**Buchungstext**	**Gegen – konto**	**Betrag Soll EUR**	**Betrag Haben EUR**
04.03.2017	119	DPMA Markenregistrierung	1370	399,00	
15.03.2017	26	GS1 GTIN / EAN – Nummern	1370	391,75	
15.05.2017	59	GS1 Abo – Zertifikat Englisch	1370	24,20	
17.10.2017	2	Fotorechte Website	1370	74,92	
24.10.2017	120	DPMA Zweitmarke – abgewiesen	1370	290,00	
Summe				**1.179,87**	**0,00**

Hier die Kosten für die Registrierung der Eigenmarke und die GTIN – / EAN – Nummern und für den Erwerb von Fotorechten.

Auch diese Kosten müssen in die Kalkulation mit eingerechnet werden.

Andernfalls ergibt sich am Jahresende ein weniger positives Ergebnis, als berechnet und gewünscht.

4. Teil – Die Kleinunternehmerregelung & der Verkauf auf Amazon

Welche Vorteile und Nachteile bietet die Anwendung der KU-Regelung?

Die unzähligen, scheinbar nicht enden wollenden, immergleichen Fragen, wieso die KU-Regelung denn so schlecht sei, soll hier noch beantwortet werden.

Kleinunternehmerregelung – hier zwei typische Fragen, wie sie in den entsprechenden Facebook-Foren immer wieder auftauchen.

Frage:
Wenn ich hier richtig mitgelesen habe, sollte das bei Amazon auf jeden Fall vermieden werden. Also darauf verzichten und sofort mit einer USt-Identnummer bei Amazon loslegen, richtig?

Frage:
Frage zum leidigen Thema Kleinunternehmerregelung. Und zwar zum Reverse Charge Verfahren.

Habe mich schon bisschen schlau gemacht aber in einem Punkt bin ich mir nicht ganz sicher.

Man zahlt ja bereits USt für Amazon. Gebühren etc. Muss man durch das Reverse Charge Verfahren auch noch USt auf den erhaltenen Verkaufs-Umsatz an das Finanzamt zahlen oder USt auf den Einkaufspreis (Import) vom ausländischen Hersteller zahlen. Weil wie ich gelesen habe muss der Hersteller einen Nettobetrag in seiner Rechnung aufweisen.

Über Hilfreiche antworten würde ich mich freuen

Amazon-Handel neben dem Beruf
Seht ihr hier Fallstricke in Bezug auf Einkommens-Besteuerung, Krankenkassenbeiträge oder was die Information des Arbeitsgebers angeht?

1. Die Gründer, die die KU-Regelung nutzen, wollen sich zumeist die Kosten für die monatliche Buchhaltung und die monatlichen Umsatzsteuer-Voranmeldungen zunächst sparen und mit dem im Laufe des Jahres gesparten Geld gleich den Jahresabschluß mit USt-Jahreserklärung zahlen.

   Leider muß man, wenn man über Amazon mit der KU-Regelung verkauft, quartalsweise USt-Voranmeldungen abgeben. Man spart quasi fast nichts ein.
2. Kleinunternehmer brauchen auch diese 22f-Bescheinigung. Sie verkaufen ja auf einem Online-Marktplatz.
3. Amazon sitzt in Luxemburg. Wenn du die Kleinunternehmerregelung in Anspruch nimmst, berechnet dir Amazon auf die Kosten zusätzlich Vorsteuer. Dein monatlicher Grundbetrag wird auch nicht 39 Euro, sondern 46,41 Euro betragen.

   Die darin enthaltene Vorsteuer die darfst du als KU ohnehin nicht als Vorsteuer geltend machen.

   Ohne die USt-ID musst du die 46,41 wie einen Nettobetrag behandeln und darauf noch einmal zusätzlich eine Art Einfuhr-Umsatzsteuer an das Finanzamt zahlen. Das ist das Reverse-Charge-Verfahren. Und diese RC-Steuer darfst du auch nicht wie Vorsteuer geltend machen, denn du hast ja die KU-Vereinfachungsmöglichkeit in Anspruch genommen.

Somit hat man auf die 39 Euro netto schon 16,23 Euro „Einfuhr-USt / Reverse-Charge-Vorsteuer" gezahlt, die man NICHT als Vorsteuer geltend machen darf.

Am Anfang laufen den Gründern die Kosten davon, man macht ohnehin schon Verlust – und Amazon berechnet, wie geschrieben, auf alle Leistungen – Versandgebühren, Verkaufsprovision, Lagergebühren, für die Pakete ins Amazon-Lager u. s. w. extra die Vorsteuer – es werden also keine Netto-, sondern Bruttorechnungen erstellt.

4. Zusätzlich wird noch Warenbestand angeschafft. Von allen Kosten ist die Vorsteuer nicht geltend zu machen und auch die Einfuhr-USt, bzw. Vorsteuer für die Waren kann man sich nicht zurückholen.

   Wenn man dann auch noch ein neues Notebook anschafft oder noch einen großen Posten Ware erwirbt, solange man die KU-Regelung noch nutzt, hat man sehr viel Vorsteuer verloren.

   Gerade im ersten Jahr bekommen meine Mandanten oft eine Umsatzsteuer-Erstattung und müssen kaum USt zahlen. Das ist ja auch nachvollziehbar, wenn man Verluste einfährt.

5. Die Verbuchung durch den Steuerberater ist weder einfacher, noch günstiger, die Abmahngefahr durch Fehler ist sogar höher, als bei Normalversteuerern. Diejenigen, die die KU-Regelung nutzen wollen, sind nicht die, die bereits als Händler jahrelange Erfahrung haben.

6. Regelmäßig bekommen diejenigen, die die KU-Regelung nutzen, einen Schreck, wenn sie an das Finanzamt ihre Reverse-Charge-Steuern abführen müssen.
7. Wenn nicht (richtig) gekennzeichnet ist, daß die Kleinunternehmerregelung anwendet wird, ist man auch noch abmahnbar. Marktbegleiter nutzen solche Gelegenheiten relativ gerne. Und auf die 1.000-Euro-Rechnung des gegnerischen Anwalts wird Umsatzsteuer erhoben, die man – wie bereits erwähnt – auch nicht als Vorsteuer geltend machen kann.
8. Unter uns Gebetsschwestern: Gründer, die sich beim DPMA eine Eigenmarke registrieren, auf Amazon verkaufen, die haben im ersten Jahr incl. der Kosten für das Programm, das die Verkaufsaktivitäten in Buchungssätze für den Steuerberater umwandelt (& evtl. Rechnungen schreibt) & incl. der Kosten für einen Buchhalter / Steuerberater, incl. aller denkbaren Kosten, jedoch OHNE den Kosten für den Warenbestand, rund 6.000 Euro auf der Uhr stehen. Manche wollen ja auch noch ihr KFZ steuerlich geltend machen, brauchen oder wollten Analysetools für 40 bis 100 Euro pro Monat netto oder oder oder – und gönnen sich die eine oder andere Konferenz für 200 bis über 1.000 Euro, incl. mehrerer hundert Kilometer Anreise, incl. Übernachtung im Hotel und so weiter. Bis 15.000 Euro jährliche Kosten für Gründer sind keine Seltenheit (ohne Warenbestand & ohne jedwede Personalkosten).

   Beim Blick auf die eigene BWA, die Betriebswirtschaftliche Auswertung, bleibt nicht selten der Mund offen stehen. Vorher hat man auch schon gemerkt, daß man zwar tollen Umsatz macht, aber auf dem Konto kommt irgendwie kaum Geld an und dann muß man (als Normalversteuerer) auch noch so viel Umsatzsteuer ans Finanzamt zahlen.

Das muß man zwar als KU nicht unbedingt, aber dafür sieht die BWA noch schlechter aus, als bei den Normalversteuerern.

Wenn man dann auch noch die bereits bezahlten Beträge für die Ware abzieht, ist der Frust noch größer, als der im Jahresabschluß ausgewiesene Verlust.

Mit 3.000 Euro für Ware braucht man auf Amazon quasi gleich gar nicht anfangen - und wenn man 30.000 für Ware und sonstige Kosten aufbringt, dann kann Amazon funktionieren. ACHTUNG: dann ist man ganz bestimmt kein Kleinunternehmer mehr.

Aber: Über die nötige Anfangsinvestition und die minimal anfallenden Kosten jetzt aber bitte keine Diskussion.

9. Zwei Dinge sind sicher – der Verlust im Jahresabschluß eines Kleinunternehmers, der auf Amazon seine Ware verkauft und das Amen in der Kirche. Beim AMEN bin mich nicht ganz so sicher, wie beim Verlust.

   Wer fest damit plant, Lehrgeld zu zahlen, um Amazon zu verstehen, für den ist diese KU-Regelung mitunter sehr gut geeignet!

Hier sei noch der Chat aus einem Forum exemplarisch wiedergegeben, der den KU-Sachverhalt aufgreift. Es handelt sich um eine vom Schreiber dieses Ratgebers erstellte Antwort.

Frage:

„In der Startphase geht es mir in erster Linie um den Lerneffekt. Das ich dafür (viel) Zeit investiere ist okay. Verluste darf der Test nicht einfahren. Ich würde den ganzen Prozess so schlank wie möglich halten. Ab wieviel Einheiten/Umsatz macht ein erster Start deiner Meinung nach Sinn?“

Antwort:

„Sieh mal - wenn du verkaufst (schlank), dann schreibst du deinem Kunden eine Rechnung & der Verkauf muß vom Steuerberater verbucht werden. Das Tool, das die Verkäufsdaten saugt und in Buchungssätze umwandelt, das kostet 100 Euro netto pro Monat.

Alternativ kannst du die Rechnungen von Amazon schreiben lassen & brauchst ein Tool, das nur die Buchungssätze bereitstellt. Macht 499 Euro netto, einmalig im ersten Jahr.

Der Steuerberater nimmt deine Akte in die Hand, muß dir offenbar anfänglich noch sehr viel erklären, jedoch die Sache muß gebucht werden, vierteljährlich sind USt-Voranmeldungen zu erstellen. Der (kleine) Jahresabschluß wird erstellt, die USt-Jahreserklärung wird erstellt, die Gewerbesteuererklärung auch (ja, auch für KU). Das kostet. ab 1.000 Euro

Du willst mit Eigenmarke staten? Plus 1.000 Euro für DPMA, GS1, Anwalt, der dir die Markenanmeldung macht.

Verpackungslizenz muß sein. Grüner Punkt. ab 50 Euro.

Betriebs- und Produkthaftpflichtversicherung 250 Euro.

Produktfotos? 150 Euro plus minus

SEO- & PPC-Opimierung, weil es nicht läuft? 300 Euro.

Rechts-Kanzlei, um Abmahnungen zu entgehen? 120 Euro

aufwärts.

4 Samples? 200 Euro.

Die Ware? 1.000 Euro.

Das macht rund 5.000 Euro.

Wenn du an einem Verkauf 2 Euro Deckungsbeitrag netto erzielst, ist das nicht schlecht! Macht 2.500 Artikel, die verkauft werden müssen.

Jeder Artikel, der bei Amazon verkauft wird, kostet im Schnitt rund 19,24 Euro - 2.500 *19,24 macht 48.100 Euro.
Die KU-Grenze ist 17.500 Euro.

In diesem Beispiel hier mußt du also für 1.000 Euro Artikel einkaufen und für 48.100 Euro diese Artikel verkaufen.

Traumhafte Aufschläge sind das! In der Praxis verkaufst du mit Glück und Können und besten Beziehungen vielleicht zum. 10-fachen. Also mußt du für rund 5.000 Euro einkaufen. plus die restlichen Kosten, das macht dann 9.000 Euro Kosten am Anfang.

Du verkaufst also zum 10fachen - das macht 90.000 Euro Umsatz aufwärts. Damit bist du kein Kleinunternehmer mehr.

Um es kurz zu machen: Als Kleinunternehmer ist ein Verlust vorprogrammiert, weil die Fixkosten auf Amazon so unfassbar hoch sind.

Und man macht mit Amazon-Kleinkram seltendst mit einem Artikel 5 Euro und mehr Deckungsbeitrag.

Dir geht es in der Startphase um den Lerneffekt? Glaub mal - den hast du! Besonders, was die Kalkulation angeht.“

5. Teil – Die To-Do-Liste für Amazon-Gründer

Welche Schritte fallen für Gründer an?

In Fb-Foren zeigte es sich immer wieder, daß viele Gründer rätseln, welche Schritte denn die nächsten sind. Was ist zu tun, um möglichst schnell starten zu können?

Nicht alle Schritte erfordern zwingend eine exakte Reihenfolge, sie sind austauschbar. Jedoch kann man einige Schritte nicht vorziehen – wie man nicht die Schuhe vor den Strümpfen anziehen kann.

1) Die künftigen Produkte suchen. Es gibt Verbesserungspotential?

   Fotos, Listing, Produkteigenschaften /-qualität, Dreingabe wie Reinigungsbürste oder E-Book möglich?
   Sind Bundles möglich? Schlechtes Deutsch bei den künftigen Marktbegleitern? Produktkriterien: Verkaufsreis nicht < 10 Euro, Nicht mehr, als 30 bis 40 Bewertungen der Konkurrenzprodukte, mindestens 3 Verkäufer, die mehr, als 5 TEUR Umsatz p.a. generieren, aber nicht viel mehr Verkäufer, die viel Umsatz machen, weil in diesem Falle wahrscheinlich der Markt gesättigt ist. Darauf achten, dass für manche Produkte Prüfzertifikate und oder Hersteller-Verkaufslizenzen und andere Erlaubnisse notwendig sind. Ebenso müsste vorab intensiv geprüft werden, ob ein Patent / Geschmacksmusterschutz oder weitere Rechte bereits bestehen.

2) Zolltarifnummer suchen (https://parg.co/NJq)

3) (Vorerst neuen, privaten) Amazon-Account erstellen – wird später für den 22f-Antrag und das Geschäftskonto vorab benötigt.

4) Gewerbeanmeldung online durchführen – Besuch bei der Meldestelle wäre ok, aber es gibt oft Wartezeiten von zwei Wochen und mehr. Benötigt werden: Pass oder Personalausweis, 26 bis 35 Euro.

Online: Kopie des Persos / Passes & Kopie der Überweisung sowie einen Scan bzw. ein Foto der unterschriebenen Gewerbeanmeldung per Mail absenden. Nach 1-2 Wochen spätestens kommt die Bescheinigung.

Oft kommt es zu Diskussionen mit den Mitarbeitern dort – „Angemeldete Tätigkeit" führt immer wieder zu Fragen. „Onlinehandel mit importierten Produkten des täglichen Bedarfs" funktionierte bisher immer. Gerade dann, wenn man noch nicht weiß, womit man später handeln will, ist das hilfreich!

5) Bankkonto beantragen – auch online möglich. Richtige Filialbanken sind im Vergleich mit Online-Banken teuer, haben aber ihre Vorteile.

a) Sie bieten zumeist HBCI an, was wichtig für die Zusammenarbeit mit dem Buchhalter / Steuerberater ist, wenn man eine sehr umfangreiche Buchhaltung hat. Der Buchhalter / Steuerberater kann die Daten online abrufen und diese in sein Buchhaltungsprogramm einlesen.

(Das Unternehmens-Bankkonto wird später für den Ersterfassungsbogen des Finanzamts & auch für Amazon benötigt. Euer Buchhalter sieht später alle Umsätze – daher ist es ganz, ganz schlechter „Experten"-Rat, hier sparen zu wollen und „erst einmal" mit dem Privatkonto anzufangen.)

b) Überweisungen außerhalb Länder mit IBAN-Nummern sind möglich!

Ist das Konto bei einer Online-Bank, besteht noch die Möglichkeit, über über Transferwise oder Giross abwickeln, was in diesem Falle zu empfehlen wäre.

c) Der Händler kann bei einer richtigen Bank einen Kredit oder ein Akkreditiv für eine Warenfinanzierung erhalten.

d) Es gibt immerhin persönliche Ansprechpartner in der Bank – die Arbeitszeiten sind zwar für die Angestellten geradezu traumhaft, aber immerhin sind diese an wenigen Stunden pro Tag erreichbar

Zu empfehlen wäre eine dem Commerz verpflichtete Bank oder eine Hypo-Moderne Vereinsbank, da auch hier die Kosten für beleglose Buchungen im Verhältnis zu einer Bank des Volkes oder den Kassen, bei denen gespart wird, sehr gering sind.

Bei Zahlungen über das Alibaba-System wird mittlerweile eine IBAN-Nr. bereitgestellt. Profis wickeln keinen Kauf über Alibaba ab, sondern arbeiten direkt mit dem Händler. Jedoch ist dies eine gute Möglichkeit für Neulinge, die es sich nicht leisten können, bei ihren chinesischen Lieferanten vorstellig zu werden und auch an den Kosten für eine Qualitätskontrolle sparen müssen. Man sollte darauf achten, daß der Händler ein Gold-Supplier ist.

Wenn der Hersteller keine US-Dollar akzeptieren kann, hat er auch sonst vom Export keine Ahnung und die Produkte werden kaum EU-konform sein.

6) Kreditkarte beantragen: Prepaid-Karten funktionieren nicht!

Bei Amazon muß zwingend eine KK hinterlegt werden, wenn ein Handelskonto eröffnet werden soll.

Diese sollte die Kontoführende Bank bereitstellen.

Wer aus Gründen, die nicht hinterfragt werden sollen, keine KK bekommt, der könnte zur Fidor-Bank gehen, denn dort werden auch Kunden aufgenommen, die sich in Verbraucherinsolvenz befinden. Es gibt dort zwei Kreditkarten – für 15 oder 25 Euro Jahresgebühr. Diese 25er Karte funktioniert auch mit Amazon.

Achtung: die Fidor-KK ist keine „echte" KK, denn der Umsatz wird innerhalb von Sekunden dem Kontokorrentkonto belastet. Auf Deckung des Kontos ist daher zu achten!

6) Die IHK-Mitgliedsmitteilung kommt automatisch. Dem kann man sich nicht entziehen. In den ersten Jahren für Gründer i. d. R. kostenlos oder zumindest stark ermäßigt.

7) Der steuerliche Erfassungsbogen des Finanzamts kommt ebenfalls automatisch per Post. Den kann man online per Ester.de ausfüllen. Je schneller man ist, desto eher werden die Steuernummer und die USt-ID erteilt.

Pfad: Elster.de → Formulare und Leistungen → alle Formulare →Fragebogen zur steuerlichen Erfassung für Einzelunternehmen → Weiter → den Rest schafft man alleine oder mit der Hilfe eines Steuerberaters (dringend zu empfehlen, wenn man hier Neuland betritt!).

Folgendes beachten:

a) 12 (Startseite) Steuernummer: Diese Nummer ändert sich, wenn man umzieht, oder auch einmal, wenn sich die Zuständigkeiten im Finanzamt ändern.
b) 12 (Zweite Seite) Identifikationsnummer: Das ist die ID des Steuerbürgers – die ID bleibt lebenslang dieselbe ID! Sie ändert sich nur, wenn man im Zeugenschutzprogramm ist & eine neue Identität bekommt.
c) 156 USt-ID: Das ist die ID für das Unternehmen. Als Einzelunternehmer kann man den Ort wechseln oder drei Unternehmen starten – es wird nur eine einzige USt--ID verwendet.

d) Eine „juristische Person", eine UG oder GmbH, oder eine AG bekommt eine eigene USt-ID, und auch eine eigene Steuernummer.

e) Wird eine oder werden mehrere GmbHs gegründet, bekommt jede GmbH eine eigene USt-ID und auch eigene Steuernummern bei dem jeweils zuständigen Finanzamt.

Hier kommt es immer wieder zu Nachfragen, weil das Nummern-Durcheinander zu einiger Verwirrung führt.

23 E-Mail: Hier die Mailadresse angeben, unter der die Beamten notfalls Kontakt aufnehmen könnten.

Bankverbindung: Hier gibt man das Unternehmenskonto an, nicht das Privatkonto. Denn hiervon werden die Gewerbe- und Umsatzsteuern gezahlt.

25 Angaben zum Unternehmen: „Onlinehandel mit importierten Produkten des täglichen Bedarfs" – oder den eigenen Handelszweck eintragen.
Bezeichnung: Vorname, Nachname + Onlinehandel.
| Phantasiename bei UG / GmbH ist möglich.

91 Handelsregistereintrag. Dieser ist für „echte!" Kaufleute Pflicht, die OHG, KG und Kapitalgesellschaften wie die GmbH und UG gründen. Auch freiwillig möglich. Dient dem Schutz des Unternehmensnamens – NICHT verwechseln mit einem Markennamen, der beim DPMA angemeldet wird!

111 Angaben zur Festsetzung der Vorauszahlungen (Einkommensteuer, Gewerbesteuer).

Amazon = Gewerbebetrieb. Hier würde ich im ersten Jahr mit einem Verlust rechnen (es sei denn, ihr verkauft „Finanzielle Freiheit mit Amazon"-Kurse ab 299 Euro aufwärts. Sonst habt ihr vielleicht noch nichts verdient, müsst aber schon Steuern vorauszahlen. Das ergibt einen Liquiditätsengpass.

Also: Kein Gewinn – Verluste sind angesagt! Diese Steuern kann man auch später noch nachzahlen, wenn genug Gewinn erzielt wurde.

119 Gewinnermittlungsart:
GmbH, UG, AG: Vermögensvergleich (Bilanz).
Ab 600.000 Euro Umsatz oder ab 60.000 Euro geschätztem Gewinn: Vermögensvergleich (Bilanz)
Einzelunternehmer, GbR: Einnahmenüberschußrechnung

123 Liegt ein vom Kalenderjahr abweichendes Wirtschaftsjahr vor? → Nein.

134 & 135 Kleinunternehmerregelung: Das ist die denkbar schlechteste Idee, wenn man Online-Handel mit Amazon oder ebay betreibt.

149 Soll- / Istversteuerung der Entgelte: Ich berechne die USt nach vereinnahmten Entgelten (Istversteuerung) → JA! (Es sei denn, ihr habt eine GmbH, UG, AG oder mehr als 600.000 Euro Umsatz, bzw. mehr, als 60.000 Euro Gewinn. Dann wird die Sollversteuerung ausgewählt. (Zwangsläufig). 150

8) USt-ID beantragen! Wird unbedingt benötigt – auch für / als Kleinunternehmer!

https://www.formulare-bfinv.de/ffw/form/display.do?%24context=97294BFFF6A6DB720F9B
Einige Beamte in den Finanzämtern weigern sich noch, diese auszustellen. Hartnäckig bleiben, diese MÜSSEN auch für Gründer erteilt werden, die die KU-Regelung anwenden wollen.

9) Online-Handel Bescheinigungsantrag nach §22f UStG beantragen!

https://www.finanzamt.bayern.de/Informationen/Formulare/Weitere_Themen_A_bis_Z/Online-Handel_-_Bescheinigungsantrag_Par_22f_Absatz_1_Satz_2_UStG/default.php?f=LfSt&c=n&d=x&t=x

Folgendes beachten:

a) Name des elektronischen Marktplatzes: ebay – Amazon – Rakuten – usw.
b) Accountname: Hier den Namen eingeben – wenn schon ein Amazon-Profiaccount für 39 Euro netto pro Monat vorhanden ist, dann gibt es eine Händler-ID. Diese kann man zusammen mit dem Accountnamen angeben. Man muß aber zum Zeitpunkt der Antragstellung für 22f noch keinen Profi-Account haben! Das wäre Geldverschwendung.

10) EORI-Nummer beantragen (Ohne EORI kein Import)
(https://www.internetbeteiligtenantrag.zoll.de/iba/form/display.do?%24context=1C2CE677ACE6DCC57B74)
(Economic Operators´ Registration and Identification number - Nummer zur Registrierung und Identifizierung von Wirtschaftsbeteiligten)

Anfragen zur EORI-Nummer

Zentrale Auskunft
Montag bis Freitag: 08:00 - 17:00 Uhr
Telefon: 0351 44834-540
E-Mail: info.eori@zoll.de
Telefax: 0351 44834-590

Postanschrift:
Generalzolldirektion Zentrale Auskunft
Postfach 10 07 61
01077 Dresden

11) IHK-Mitgliedsmitteilung kommt automatisch. Dem kann man sich nicht entziehen. In den ersten Jahren für Gründer i. d. R. kostenlos oder zumindest stark ermäßigt.

12) Markennamen ausdenken

13) Markennamen ist nicht geschützt? (dpma.de → DPMAregister → Marken →)
Kosten: 290 Euro für 3 Warengruppen, 50 Euro für jede weitere, plus RA - ab 150 bis 450 Euro netto.
Wenn der Schutz abgelehnt wird, gibt es erfahrungsgemäß kein Geld vom RA zurück.
Kosten für Europa: ab 850 Euro.

14) Auf den Websites European IPR Helpdesk / EUIPO / WIPO finden sich Informationen und FAQs zum Urheberrecht.

15) Domain ist frei? www. … … … … .com / .de

16) Markenlogo entwerfen lassen (www.fiverr.com)
Gönnt Euch und dem Designer die 25-35 Euro für das Premium-Paket. 2-3 Logos zum Vergleich.

17) (Erneute) Suche nach Designschutz (www.dpma.de) in Eigenregie oder durch einen Rechtsanwalt.
(Kosten für das „Freedom to operate" liegen bei 10.000 Euro aufwärts! – günstigere Pakete sind möglich)

18) EAN / GS1-Codes bestellen.
Ab 55, bis 680 Euro netto im ersten Jahr. (www.gs1.nl oder www.gs1.de) – die großen Pakete ab 150 Euro im 2. Jahr.

19) Mehrere Hersteller kontaktieren und Samples bestellen (www.alibaba.com)

20) Welche Kennzeichnungen sind notwendig? (www.productip.de)
Ist eine CE-Kennzeichung notwendig? REACH-Verordnung / RoHS-Richtilinie / Richtlinie über die allgemeine Produktsicherheit (2001/95/EG) / Niederspannungsrichtlinie / PSA-Richtlinie / Bauproduktenverordnung / Verpackungsrichtlinie / LFGB Lebensmittelkontakt? 🍷🍴 / Stiftung EAR & WEEE – Registrierung / beachtet?
Welche Testzertifikate von welchem Prüflabor sind notwendig? (es ist mordskompliziert!!!)

21) Kommt das Produkt durch den Zoll? (https://www.hellocustoms.eu/)
Sonderfälle? Du wohnst in CH / A / CY & verkaufst aus DE heraus? Worauf achtet der Zoll noch? Produkt-Verpackungskennzeichnung?

22) Wenn die Kalkulation und Qualität passt, vom Sample Produktfotos anfertigen lassen.
Pro Artikel mindestens 6 Fotos. NIEMALS Fotos aus dem Internet oder vom Lieferanten verwenden! Höchste Abmahngefahr! Ca. 15 Euro pro Foto. Auflösung:

Ab einer Auflösung von 1.300 x 1.500 Pixeln steht die Zoomfunktion Verfügung – nur reinweißen Hintergrund verwenden

23) Auf den Websites European IPR Helpdesk / EUIPO / WIPO finden sich Informationen und FAQs zum Urheberrecht.

24) FNSKU auf Amazon.de – Sellercentral – generieren. Warum? Gemischter Warenbestand? (NEIN!) (https://www.youtube.com/watch?v=Oae4yfOuDJY&t=95s)
Die FNSKU läßt sich erst generieren, wenn die GTIN / EAN angelegt wurde – bzw. auch dann, wenn bei Vorhandensein einer Eigenmarke die GTIN-Befreiung beantragt wurde.

25) Ware bestellen & evtl. Scourcing-Agenten beauftragen – (https://www.amzpro.io/)
Dieser sucht Produzenten, führt Preisverhandlungen, überwacht die Produktion, führt Qualitätskontrollen durch - und stößt die Übergabe an den Versender / Frachtführer an. Bei dem Hersteller darauf achten, daß dieser ein „Gold-Supplier“ ist.

26) Kleinere Lieferungen sollen in Eigenregie importiert werden? (http://www.image-sa.com/tools/faq/incoterms-explained/)
EXW & FOB & DAP sind zu bevorzugen – niemals DDP wählen!

27) Nach einiger Zeit kommt die Ware am Hafen / beim Zoll an. Das Verladen der Paletten auf LKWs und die Verbringung ins Amazon-Lager organisieren. (Bereits vor der Verschiffung die Lieferung bei Amazon anmelden!) Dauer der Seereise: ca. 6-8 Wochen. Siehe Kapitel 2.

Die Ware ist (1. Lieferung) ist im Büro / Lager / Wohnung angekommen.

GLÜCKWUNSCH!

Die 1. Etappe ist geschafft!

---

28) Eigene Kontrolle durchführen – stimmt die FNSKU / Händlername und -adresse auf der Verpackung

29) Umpacken in Kartons, die zu Amazon versendet werden – Sellercentral! – Paketaufkleber ausdrucken (3,32 Euro bis 23 KG)

30) Stiftung Zentrale Stelle Verpackungsregister

(https://www.verpackungsregister.org/verpackungsregister-lucid/registrierung/auf-einen-blick/)

Hier muß man seine Produktverpackungen, die beim Endkunden entsorgt werden, registrieren!
Bei Unterlassung: Abmahngefahr durch Marktbegleiter.

31) Betriebs- und Produkthaftpflichtversicherung abschließen.

Darauf achten, daß die Versicherung auch bei Klagen zu Produktfotos zahlt!
Meine Versicherungsmaklerin, die auch selber auf Amazon verkauft und aktiv im Thema drin ist: (www.verscherung-beratung.net)

32) Einen Buchhalter / Steuerberater suchen,
der im Thema drin ist und sich auf Amazon / E-Commerce spezialisiert hat.

Es gibt zu viele „Es kommt darauf an" – daher hier, an dieser Stelle, keine Empfehlungen zu dem Programm, das die Rechnungen an Kunden erstellt und diese nach dem Verkauf versendet. Die Daten müssen dem Buchhalter per Datei bereitgestellt werden, damit sie verbucht werden können. Betriebswirtschaftliche Beratung hierzu: (hello@burkhallter.de) (Pauschaltarif für ein Telefonat bis 30 Minuten).

33) Permanente Optimierung des Listings scheint bei Amazon notwendig zu sein, denn es ändert sich permanent einiges.

Wer schreibt hier? Und warum?

Die Amazon – Formel wurde für alle Hersteller, Händler, jungdynamische Entrepreneure und Existenzgründer geschrieben, die bereits auf Amazon verkaufen oder sich mit dem Gedanken tragen, Amazon – Händler zu werden.

In 2016 wurde ich von einem Gründer angesprochen, ob ich nicht seine Bf. machen könne, er wolle auf Amazon handeln – das sei eine Goldgrube. In Fb – Foren kamen auf meine Fragen nach der Kalkulation und dem notwendigen Gründungskaptial keine auch nur ansatzweise brauchbaren Antworten – vielleicht wurde ich auch nicht verstanden. Die Lösung war ganz einfach: DIY. Also wurden wenige tausend Euro in die Hand genommen, eine Eigenmarke angemeldet, Ware gekauft und erforscht, wie Amazon für seine Händler funktioniert.

Nachdem die ersten Verkäufe reinkamen und Amazon – Abrechnungen vorlagen, konnte ich mich in die Erfordernisse an die Buchhaltung einarbeiten und auch eine ordentliche Deckungsbeitragsrechnung erstellen. Es erfolgte die Zusammenarbeit mit einem Steuerberater, der dankbar war, jemanden gefunden zu haben, der sich in die durchaus schwierige Verbuchung hineingedacht hatte. Folgend durfte ich mehrere Buchhaltungen von Amazon – Verkäufern erstellen.

Sehr schnell war klar, es sind i. d. R. viele hunderttausende Euro Umsatz nötig, um seinen Lebensunterhalt davon bestreiten zu können. Nicht wenige Händler auf Amazon verkaufen aufgrund mangelnder Kalkulationskenntnisse ihre Produkte mit Verlust – weil die hohen Kosten den Deckungsbeitrag (umganssprchlich: Gewinn) pro Verkauf minimieren.

Im schlimmsten Falle übersteigen die Nebenkosten wie diverse Kurse und Händlertreffen, Versicherungen, Werbungskosten, Sendungsverluste, Retouren etc. den Gewinn, der nach Abzug der reinen Amazon – Kosten übrigbleibt.

Im dritten Kapitel finden Sie die real anfallenden Kosten eines nahezu durchschnittlichen Gründers. Dies wurde gepaart mit der Erlössituation eines durchschnittlichen Händlers, der rund 97.000 Euro Umsatz pro Jahr erzielt.

Die in der erneuerten Auflage ab Juli 2019 vorhandene Erweiterung geht auf die in Fb-Foren permanent gestellten Fragen nach der Kleinunternehmerregelung und nach einer dringend herbeigesehnten To-Do-Liste ein.

Wer sich die wenigen Euro für diesen Ratgeber gönnt, der bekommt einen realitätsnahen Einblick, wie leicht oder wie schwer es ist, als Händler auf Amazon seinen Lebensunterhalt zu verdienen. Das ist das Ziel dieses kleinen Ratgebers.

Printed in Poland
by Amazon Fulfillment
Poland Sp. z o.o., Wrocław

85006991R00077